JN250910

国際語としての英語

進化する英語科教育法

若本夏美／今井由美子／大塚朝美／杉森直樹 著

松柏社

はじめに

　未来の教師。**Future Teachers**。この本を手にしているみなさんのことです。この本に興味を持って頂きありがとうございます。折角ですので最後まで読んで下さい。さて，この「未来」という言葉には 2 つの意味がこめられています。どうでしょう。想像がつきますか。

　ひとつの意味は割と簡単かもしれません。将来教師になるみなさんのことです。大学での教職課程（pre-service training）を受講されるみなさんの中には大学を卒業してすぐ公立・私立の英語の先生になる人もいると思います。中には免許は「念のために」取っておこうと思っている人もいるかもしれません。1995 年に公開された Richard Dreyfuss 主演の映画 *Mr. Holland's Opus*（邦題『陽のあたる教室』）の冒頭部分で，明らかにやる気が感じられないホランド先生に対して Jacobs 校長先生が「何かの時のために（"fall back position"）教職免許を取るなんて気に入らないわ」と警告するシーンがあります。ひょっとしたらこの本を手にしている皆さんの中にはそのような気持ちで英語科教育法の授業を受講している人もいるかもしれません。しかし，人の人生は長いものです。2014 年度の文部科学省の調べでは，公立学校の教員採用試験の受験年齢制限がない都道府県は実に 21 に及び年々増え続けています。また常勤・非常勤講師を含めると「念のために」と思って受講している皆さんが，本当に教壇に立つ日が近い将来訪れるかもしれません。教職は Jacobs 校長が言うように fall back position ではないのです。全員が「未来の教師」なのです。一般企業で働いた後に，留学をした後に，出産育児が一段落してからこれから約 40 年くらいの時間の長いスパンの中で，ここにいる皆さん全員が教師になる可能性があるのです。

　「未来」のもうひとつの含意は「新しいタイプの先生」です。皆さんの中には中・高校時代の英語の授業が好きだった人もいるかもしれませんが，もっとこんな風な授業にして欲しかった，と思っている人もいるでしょう。教師は常にその教え方を刷新していかなくてはなりません。「習ったように教え

るな」という風刺じみた教訓がありますが，これから教師になろうとするみなさんは「新しい教え方」「新しいタイプの英語の授業」を作り出さなくてはなりません。それは生徒をとりまく社会的環境も学習環境も大きく変化しているからです。何よりも教師は自分よりも長生きをして新しい時代を生きる生徒を教育するという重要な課題を担っています。生徒は未来に生きるのです。その生徒を教える授業が十年一日のようであってはならないでしょう。そのため教師はいつも「時代と社会のパイオニア」でなければなりません。教師が目を輝かせ，わくわくして授業しなくて生徒をドキドキさせられるでしょうか？

　算数教育だけでなく日本の教育に鋭い分析を呈してきた遠山啓は，教師の仕事について「教師ほどすばらしい仕事はない。子供という地球上でもっとも知的好奇心に満ちた素晴らしい存在をタダで借りて，何か新しいことを試してみることができるのだから」（遠山啓『水源を目指して』）とその本質を述べています。未来の先生とは，遠山の言葉を借りるなら「何か新しいことを試す」授業ができる先生のことを指すのかもしれません。もちろんチャレンジには失敗もあるでしょうが，そこから教師も生徒もともに学ぶことができるのが教育の世界なのではないでしょうか。新しいタイプの授業を試そうとしない先生は未来の教師ではありません。

　さて，この本は「アメリカ人やイギリス人といった，いわゆるネイティブスピーカーのような英語」ではなく，アジアの人々をはじめとする世界の人々とコミュニケーションするための「国際語としての英語」を教えることを念頭に構成されています。そして「未来の教師」であるみなさんにとって「ヒント」となるべく，重要なポイントを分かりやすく，同時に皆さん自身が考える余白を残すコンセプトを元に作成されています。そのために図表も多く取り入れ，ディスカッションポイントも各章に提示してあります。英語科教科教育法のクラスの中で活発な議論が展開されることを期待しています。

　私たちは EFL（English as a Foreign Language，外国語としての英語）環境にある日本で英語を教え学びます。これはカナダやニュージーランドなどのESL（English as a Second Language，第二言語としての英語）環境での教育

学習とはその方法・困難さ・意義が大きく異なると認識しています。いかに英語を教え，学べばよいのか，その歴史・意義・教授方法・学習者・評価という観点から，このテキストをもとに理解を深めて頂きたいと願っています。

　最後になりましたが，この本が出来上がったのは，私達執筆者が主として英語教職課程を担当してきた同志社女子大学英語英文学科で長きにわたり培われた「よき英語教育の伝統」のお陰であると感謝しております。特に，その基礎を築いてこられた小田幸信先生，中島和子先生，枝澤康代先生には学生として同僚としてこの本の中核となる大切なことをご指導頂きました。この場を借りて感謝申し上げます。また，このテキストのコンセプトを議論して一緒に作り上げて下さった松柏社の森信久社長に感謝申し上げます。読んで頂いた先生，学生の皆さんが自分自身で考える余地を残した，書きすぎないような「余白のある本」にしようというアイディアは森さんなしには生まれなかったと思います。原稿が遅々として進まないことにもいつも笑顔でご支援頂きましたことにもあわせて感謝申し上げます。また原稿を丁寧に読み貴重な意見を頂いた研究社「現代英語教育」の元編集長里見文雄氏にもお礼を申し上げます。この本は 4 名が共同で執筆したものですが，誤植を含め本書に関する全ての責任は編集を担当いたしました若本にあります。

　みなさんが未来の教師として，近い将来英語教師としていろいろな場面で生徒の前に立ったとき，この本が **Playbook**（作戦ノート）のようなハンドブックになることを期待しています。

2017 年 10 月

執筆者を代表して
若本夏美

目　次

国際語としての英語

進化する英語科教育法

第 1 部　理論編

第1章　日本で英語をなぜ教え・学ぶのか？

重要な問い1：英語教育の環境や目的にはどのようなものがあるか。
重要な問い2：グローバル化時代の英語とは。

Keyword:　① EFL/ESL　② EIL/ELF　③ World Englishes

　日本における英語教育は明治時代に始まり，すでに 100 年以上の歴史がある。その間，日本の社会はさまざまに変化してきたが，教養としての英語と実用的な英語のどちらを重視するかという問題を長年抱えてきている。近年，社会のさまざまな場面においてグローバル化が進行し，以前とは比べものにならないくらいに海外との関係が深くなってきており，英語教育の成果に対する社会の期待や批判もそれに合わせて高まってきている。日本の英語教育は，その理念を広い視野から再検討し，これらの声に対応していく必要に迫られているのではないだろうか。本章では，英語教育の環境や目的にはどのようなものがあるかを概説しながら，日本の英語教育は今後どうあるべきかを考える。

1.1　EFL と ESL

　EFL（**English as a Foreign Language**）とは，英語を母語としない人々にとっての外国語としての英語のことである。日本をはじめ，韓国，中国，ロシア，ヨーロッパ諸国などでの英語がこれにあたり，こういった国や地域では英語は社会生活で用いられる主要言語ではなく公用語にもなっていな

い。そのため，多くの場合において英語は学校で教科として教えられる形となり，このような環境での英語教育は TEFL（Teaching English as a Foreign Language）と呼ばれ，一般に，実用面よりは英語圏の文化や学問の吸収，情報収集など教養としての英語学習という側面が強くなる。

　ESL（**English as a Second Language**）とは，第二言語としての英語である。これには2つの状況があり，一つは，英語を母語としない人々が，英語を主要言語として使用している国に移民するなどして，そこで生活していくために英語を第二言語として学習する場合である。アメリカ，イギリス，カナダ，オーストラリア，ニュージーランドにおける英語などがこれにあたり，このような環境での英語教育は TESL（Teaching English as a Second Language）と呼ばれる。また，インドやフィリピン，シンガポールのように，国民の母語が複数存在するために，国の公用語や主要言語として英語が用いられている場合も ESL と呼ばれる。ESL の環境では，英語を学ぶことは学習者がその社会で生活していくためには必要不可欠であり，「アパートを借りるための英語」や「仕事で必要となる英語」など，実用的な英語を主に習得することが目的となる。

　従来，EFL と ESL は区別されてきたが，その国がグローバル化，または，多言語化するなどし，それに伴って政治，経済，メディア，教育など社会生活における英語使用の割合が高まってくれば，EFL と ESL の区別があいまいになることも起こりうる（Hybrid 化）。そのため，英語教育を表すことばとして，TEFL や TESL といった区別の代わりに，**TESOL**（**Teaching English to Speakers of Other Languages**）という言い方がされることも多い。しかしながら，日本の社会では依然として日本語が中心であり，EFL 環境の側面が強いと考えられるので，ESL 環境とは一定の区別を行うことが必要である。特に，英語教授法や教材は北米やイギリスなど ESL をベースに考えられたものが多いため，日本で使用する際には，EFL と ESL の違いを考慮して，目の前の学習者に適応させて（tailored）適切に使用する必要があるといえる。

1.2　英語教育の目的：実用性と教養

　日本では小学校での外国語活動という形で英語学習が始まり[1]，中学校から高等学校，さらには大学でも英語の授業が行われる。かなり長い期間にわたって英語を学ぶわけであるが，私たちはなぜ英語を学ぶのであろうか。なぜ学校で英語の授業が行われているのであろうか。日本で英語を学ぶ意義は時代と共に変化してきているが，それらはまとめると主に次の 4 つが挙げられる。

1) 国際化，グローバル化に対応するコミュニケーション能力を育成するために

　近年，財界や産業界から実用的な英語力の養成に対する要請が年々高まってきており，「グローバル人材」の育成が求められている[2]。海外市場で他国の企業との競争がますます激しくなってきている貿易，輸出関連企業を中心に，高度な英語コミュニケーション力や交渉力，異文化知識を持った人材が必要とされている。また，国内においても外国人を相手とした商業，観光業，行政等で英語が必要になる機会が増えてきている。このような状況では実用的な英語を教えることが重視されるため，英語教育は ESL に近い形を求めることになり，コミュニケーション力の養成やコンテントベースの教材，**ESP**（**English for Specific Purposes**）演習などが中心になる。個人レベルでも英語の Web サイトや YouTube を閲覧したり，英語の E-mail の送受信をするなど EFL 環境下にあっても英語をコミュニケーションの道具として使う機会はより拡大している。経済活動のグローバル化が今後も進むことを

1　2018 年改訂予定の新学習指導要領では，グローバル化に対応した新たな英語教育の在り方として，小学校中学年（3，4 年生）から週 1 ～ 2 コマ程度の活動型の英語教育（外国語活動），小学校高学年（5，6 年生）から週 3 コマ程度の教科型の英語教育が計画されている（文部科学省，2014）
2　公教育として考える際には，グローバル人材ではなく，世界的視点から思考することのできるグローバル・シティズン（Global Citizen），すなわち世界市民の育成を掲げる方が妥当かもしれない。

考え合わせると，これからもこのような実用論としての英語教育の要請は強まると予想される。

2) 他国の人々との交流を通して相互理解を深めるために

　自らのものとは異なる文化や社会，習慣などを学び，それを理解しようと努めることは，他の民族や国家との平和的共存には欠かせないものである。また，異文化理解・交流を通じて海外の人々や文化に対する知識や視野を広げることだけでなく，それによって自国の文化や母語についての理解も深まることが期待される。外国の人々と交流を深め互いの文化や考え方を理解するためには，多くの場合，共通言語としての英語を学ぶ必要がある。また交流を深めるためには日本の文化や自分達が考えていることを英語で発信することも重要となる。例えばジブリ・宮崎駿に代表される日本のアニメは現在世界各国で多くの支持を集めている。これまでは英語で表記されたものを日本に輸入する事が圧倒的に多かったが，マンガを含め日本語で表現されていたものを英語で発信する機会もニーズも高まってきている。それは日本への観光客が 2010 年以降年々増加の一途をたどっていることとも軌を一にするものである。外国からの観光客に名所の案内だけでなく，日本の食べものや考え方，歴史について英語で（口頭で，Web で）説明する機会は更に多くなるだろう。英語を第一言語とする人達だけでなく世界の人々に日本の文化や考え方，延いては自分自身の考えを英語で表現する重要性は，英語が国際語化するなかでますます高まることが予想される。そのため学校教育における英語学習の目標としても異文化理解が強調されており，小・中・高の外国語の学習指導要領でも，外国語を通じて言語や文化に対する理解を深めコミュニケーション能力を養うことが目標として最初に述べられている。

3) 海外の事情を知り，正しく日本を外から俯瞰するために

　歴史的に見て日本は古くから諸外国の文明を取り入れてきた。特に西洋諸国の事情を学び，科学技術，政治や教育の制度，思想等を取り入れることは，明治以降の日本の近代化にとって重要であったので，そのために英語を学ぶ

必要性があった。この状況で求められた英語力は，主に英語を日本語に翻訳することであり，そのために文法訳読が重視された。また，エリート層として高等教育を受けるための受験科目として英語があったことも，教養論としての英語学習が唱えられる理由の一つであった。この流れは日本の EFL の環境に合致していることもあって戦後も形を変えて続き，現在でも学術分野や海外事情研究，マスコミなどにおいてその必要性は残っており，今後もそれは続くと思われる。注意しなければならないのは海外の事を知るだけにとどまるのではなく，日本の政治や文化が海外でどのように認識，評価されているか，英語の新聞などのメディアを通して知ることも重要なことである。またマスコミがある一定のフィルターを通して情報を取捨選択していることを考え合わせると，日本語で書かれたメディアのみに頼ることなく多くの情報をダイレクトに理解する重要性は高まるだろう。例えば，2011 年 3 月 11 日，福島第一原子力発電所の事故の際，日本のマスメディアも政府も重大な危険性を当初から報道してこなかった傾向がある。今から振り返ると海外で報じられた情報や SNS で発信されたメッセージの中に核心を突いたものがあった。もちろん海外で発信されている情報が全て正しいというわけではないが，英語でのコミュニケーション能力があれば，日本語での情報のみに頼ることなく，多くの情報の中から正しいものを見抜く判断力につなげることができる。インターネットが発達した現在，SNS を含め英語で発信される情報を受け取る条件は多くの人に可能となっている。伊藤・山中（2016）は時代をインターネットがはじまる以前と以後で BI（Before Internet），AI（After Internet）と分けているが，AI だからこそ可能になる英語学習やその目的があるのではないだろうか。これはいわば「外から日本を理解する」ことであり，正しい価値判断をするために今後ますます重要になるかもしれない。

4）人格形成やアイデンティティーの確立を促すために

　学校教育が行われる少年期から青年期は，人格やアイデンティティーの形成に重要な時期となる。その時期に，自国のものだけなく他国の言語や文化，思想や価値観などを学ぶことは，より豊かな人格や確固としたアイデンティ

ティーの形成に役立つので，そのための手段の一つとして英語を学ぶことが必要となると言える。自国の言語や文化，習慣しか知らなかった生徒が，英語を通じて他国のものを学ぶことにより，自国のものを客観的，相対的に見ることができるようになり，より広い見識や国際的な視野を持つ人格の形成に役立つのである。いわば「言語は世界をとらえるための思考の道具」(ヴィゴツキー) であることを考え合わせると，英語の学習を単なるコミュニケーションのツールの習得として見るだけでなく，生徒の人格やアイデンティティー形成にも重要な役割を果たすものであることを教師は認識すべきであろう。特に，英語という日本語とは全く語族が異なる言語の文法構造，発音，語のなりたち，文字に触れることにより，メタ言語の発達が促されることは見逃すことができない。メタとは「少し高いところから (=beyond) 何かを俯瞰する」ことを意味するが，例えば，語彙に関して，日本語の「もったいない」や「どうぞよろしくお願いします」を英語に訳しにくいことを通し，普段何気なく使っている言葉の意味について深く考える機会にもなる。いわば英語を学んでいるようで日本語に対する理解を深めることにもつながるのである。

　ここでは英語学習の目的のうち主なものを4つ挙げたが，それらは個別に独立しているわけではなく，互いにオーバーラップしており，日本の英語教育においてはこれらはどれも重要であると言える。どれか一つに偏るのは好ましいことではなく，それぞれの意義を考えながら，バランスの取れた教育目標を設定していくべきであろう。

1.3　国際語としての英語

　Crystal (2006) によると，第1言語として英語を用いている人が4億人おり，第2言語として英語を用いている人も4億人いるとされている。これ以外にも外国語として英語を用いている人の数も含めると，全世界で英語話者の数は14〜15億人になると推定されている。今後，ますます第2言語や外国語として英語を話す人が増加するとされており，英語は，母語としての英

語（English as a Native Language: ENL）を話す人たちだけのものではなくなってきている。

　Kachru（1985，1997）は，植民地支配から解放された国や地域で英語が土着化して独自の英語変種としてその国で使用されていることに注目し，World Englishes のモデルを提唱した。これは，図 1-1 に示すような，「**内円（Inner Circle）**」，「**外円（Outer Circle）**」，「**拡大円（Expanding Circle）**」で構成される英語使用圏のモデルで，内円圏は，イギリス，アメリカ，カナダ，オーストラリア，ニュージーランドなどの英語母語話者の ENL（English as a Native Language）圏である。外円圏は，インド，フィリピン，マレーシアなど英語が第二言語であり公用語として使われている ESL 圏である。拡張圏は日本や中国，ヨーロッパ諸国などで，英語が外国語であり，公用語として国内では使用されていない EFL 圏である。

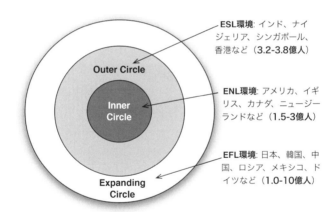

図 1-1　Kachru の World Englishes のモデル（人数の推定は Crystal, 1997 による）

　しかしながら，Kachru のモデルでは英語を母語とするグループを中心に据えることにより「正確な英語のモデルや，最良の教師，最良の英語教材，英語教育のサービスの供給源はこの中心円」（グラッドル，1999）にあるという誤解を生じさせる。最近では英語が，貿易，外交，科学，交流等のための共通語として世界のさまざまな場所で使用されるようになっており，お互

いの母語が異なる人々の間の国際的なコミュニケーションの手段として使われる機会がこれまで以上に増えてきている。このような目的で使用される共通語はリンガ・フランカ（lingua franca）と呼ばれているが，リンガ・フランカとしての英語は，**English as a Lingua Franca**（**ELF**）と呼ばれ，その重要性が認識されてきている。これに加えて，英語を，ネイティブスピーカーだけではなく非母語話者も使用する，国際語としての英語（English as an International Language: EIL）として位置付け，英語の多様性や変種を認める捉え方もなされているため（Smith, 1983），図 1-2 に示すような，3 つの円が共存するモデル（グラッドル，1999）の方が「国際語として英語」を認識するには適切であろう（EFL → ESL → ENL へと言語使用がシフトする様子も分かる）。

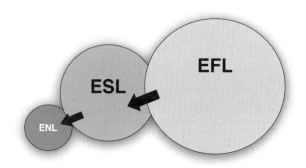

図 1-2　グラッドル（1999 年）のモデル

　これまでの日本の英語教育では，EFL 環境であることもあって，アメリカ人やイギリス人といったネイティブスピーカーの英語をモデルとして，学習者の英語をそれに近づけることが目標とされてきた。ネイティブスピーカーの英語を目指すことはそれ自体悪いことではないが，あまりにもそれを重視しすぎると，劣等感や間違いを恐れる雰囲気を作り出したり，ネイティブスピーカーへの過度な信奉をもたらしたり，いわゆる**「英語帝国主義」**に支配される危険性がある。現在では非母語話者同士でも（例えば，日本人とシンガポール人が英語でコミュニケーションする）国際的なコミュニケー

ションの手段として英語が使用されている状況になっていることを理解し，ELF や EIL の観点から英語学習の目標を設定することが必要である。ELF や EIL では必ずしもネイティブスピーカーの英語が絶対的な規範になるとは限らず，言語的変種としての多様な英語が使用されることも多いので，さまざまな英語の変種を理解し，相手に通じる（intelligibility）英語を使うことが重視される。非母語話者同士の英語コミュニケーションの機会は今後も増加すると考えられるため，日本人英語学習者としてのアイデンティティーを持ち，多様な英語を話す世界中の人々と堂々とコミュニケーションができる英語力を備えることが必要である。

　ところで，3 年おきに学習到達度調査を世界的に行っている，経済協力開発機構（OECD）の **PISA**（Programme for International Student Assessment）は 21 世紀に我々が身につけるべき必要な主要能力を DeSeCo（Definition and Selection of Competencies）プロジェクトの成果として図 1-3 に示すような 3 つの構成要素として提唱している（OECD, 2005）。この章を締めくくるにあたり，この Key Competency に関連付けながら，国際語して英語を教え学ぶ意義について議論してみよう。

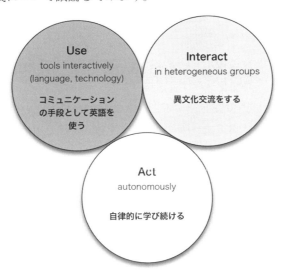

図 1-3　PISA Key Competency（2005）
（原典をもとに筆者が作成）

　このプロジェクトは，数学など他教科も総合した能力モデルであるが，一見しただけで英語（とりわけ学ぶ目的）との親和性が高いことに気付く。

（1）Use tools interactively（language, technology）：言語やテクノロジーを双方向的に「使う」こととある。英語を学ぶ意義として「英語を起点として考えたり」「言語への理解」の重要性も論じてきたが，英語が国際語して機能している現在，やはりコミュニケーションのツールとして英語が使えることの重要性はどれほど強調しても強調しすぎることはないだろう。これまでの多くのルサンチマン（渡部昇一と平泉渉による『英語教育大論争』に詳しい）と呼ばれる英語教育に対する「恨み」は英語を中高 6 年間勉強したにも関わらず，英語による日常会話もままならないというこれまでの英語教育の非実用性に起因している。国際語として英語が認知されつつある今こそ，「日本では英語を使う機会が・・・」という弁明にすがることなく，堂々と英語学習の主目的として「コミュニケーションの手段としての英語」を掲げ，授業の中心に据える時期にあるのだろう。日本語でコミュニケーションできるのに，という辟易とした釈明に対しては「英語で<u>も</u>コミュニケーションできるようにしよう」という可能性の広がる学習目的を掲げるチャンスである。

（2）Interact in heterogeneous groups：異文化の中での交流をする。実際，中高校時代に留学をすることはそれほど珍しくなくなり，日本国内においても交流の機会は確実に増えている。また狭義の英語のネイティブ・スピーカーと英語でコミュニケーションするだけでなく，国際語としての英語時代には，世界中の人々と英語で交流をすることを認識したい。そのためにも，日常の英語の授業では，多くのクラスメートと協働学習（collaborative learning）することが将来の異文化間交流につながるだろう。特に，英語の授業ではペアやグループ活動が必然である。その際，教師がこのような長期的な視点を持って生徒にその必要性を訴えることができるかどうかは，協働学習の成否だけでなく，将来実際に異言語・異文化の中に身を置いた際に生徒達がどのように行動できるかにも影響する。英語使用時に，共感的態度で相手の話を聞き，聞き役だけに留まることなく自分自身の意見を述べるなど，授業の中で練習できることは数多くある。

（3）Act autonomously：自律的に学び続ける。これは学校卒業後にも生涯学習として学ぶ姿勢を持つことが含意されようが，英語の授業に関しては授業外学習を増やし，いかに授業との効果的連携ができるかという点に重要度が集約されるだろう。週 4 時間に英語の時間数が増加しようが（1977 年開始の「週 3 時間制」以前に戻ったに過ぎない），小学校 3 年生から外国語学習が，また小学校 5 年生から教科としての英語がはじまろうが，インプット・アウトプット・インターラクションの量は格段に不足しているのが現状である。英語学習において成功するためには，教師不在でも（すなわち家庭学習でも）英語を自主的に学ぶことである。そのためには後述する学習方略（方法）を学習者に与え，自覚させ，学習を支える強い動機をサポートすることが必要になる。

　ここまで英語教育の目的論について議論を進めてきたが，この PISA の Key Competency は世界が大きく変動しようとするこの現代において「リンガ・フランカとしての英語」は何を目的に，どう学ぶべきなのか，その指針（コンパス）をわれわれに与えてくれる重要な概念といえるかもしれない。時代は常に移り変わり，時代に応じた教育の在り方が問われるが，21 世紀の英語教育に託された課題はこれまでとは比較にならないほど大きく，文部科学省や教育委員会はもちろんのこと，教師・学習者にとって刺激的なチャレンジに満ちたものになっているのではないだろうか。

演習・Discussion Point
- 日本人が英語を学ぶ理由をペア（グループ）でブレーンストーミングして 10 個リストアップしてみよう。
- 「コラム」で，日本人は英語が苦手であるとか，日本の英語教育は成果を上げていないと言われていることについて述べたが，他にどのような要因があるか考えてみよう。例えば，日本文化的特徴がもたらす要因とはどのようなものだろうか。

EFL についての余白
　英語公用語化論に象徴されるように世界では EFL が ESL へと変化する国々もあります。21 世紀の英語の世界はどのように変化してゆくのでしょう。コミュニケー

ションは英語，思考は日本語という二分法は成立するのでしょうか。

Further Reading

鳥飼久美子（2011）.『国際共通語としての英語』講談社
　日本人が英語を学ぶ意義について再確認することができる。ネイティブスピーカーに対してノンネイティブスピーカーが目指す英語とは何か考えてみるとよい。

Schmidt, R., & Richards, J. C.（2013）.『ロングマン言語教育・応用言語学用語辞典』
南雲堂
　英語教育を含む応用言語学全般に関する包括的な用語辞典。少し値は張るが手元においておくと便利。原本の英語版もいいがやはり日本語で読むと活用のアイディアも湧く。

次章の予告：英語教授法の全体像を俯瞰します。

コラム：クラスサイズと EFL

　日本では，英語教育の成果が十分に上がっていないとか，実用的な英語を教えていないという批判が常にある。また，英語が苦手だという日本人も多い。これについては，教授法の面で改善すべき点があることも事実であるが，日本における英語教育がうまくいかない原因はそれだけであろうか。例えば，1クラスに40人近くの生徒がいる環境で，コミュニカティブな能力を効果的に高められるような英語の授業がどの程度行えるのであろうか。実際の授業を観察すると，グループ活動ひとつとってもクラスサイズが大きくなるに従い，指数関数的に困難になる様子がわかる。この問題の解決には，政府や地方自治体からの予算措置によって教員を増やし，クラスサイズを小さくするという政治や行政面からの支援が欠かせない。また，学校での英語の授業以外にも英語のインプットや英語を使ったインタラクションの機会を与えることが望ましいが，教室を一歩出ると日常の社会生活には英語を使う必要性が依然としてあまりないという日本のEFL環境も原因の一つと言えるだろう。日本の英語教育を改善するためには，単に教授法を変えるというだけでは十分ではないことが社会に認識される必要があるのではないだろうか。

第 2 章　どの英語教授法を選択するべきなのか？

重要な問い 1 ：教授法は何を契機にどのように変遷してきたのだろうか。
重要な問い 2 ：よい教授法とはどのようなものだろう。

Keyword:　① Approach-Method-Technique
②戦争・オリンピック・ICT　③学習者中心

　一概に英語科教授法というが，その数はいったいどのくらいあるのだろう
か。主だった教授法のテキストを概観しても少なくとも 10 を下ることはな
い。細かく数え上げると図 2-1, 2-2（pp. 26-27）に表示されるようにその
倍の 20 くらいにのぼるかも知れない。まずその大きな潮流を図を参考に考
えてみよう。

2.1　英語教授法の概観

　教授法の始まりはギリシア語やラテン語の読解・文法ルールの理解のた
めに活用された文法訳読法（Grammar Translation Method）に端を発する
といわれる。これは学習者の L1（First Language, 母語）を用いて教えられ
たが，知的訓練に主たる目的が置かれ，聞く・話すという実用的スキルの
育成には向いていないため，次にグアン（Gouin）やベルリッツ（Berlitz）
らによって TL（Target Language, 目標言語）だけを使って教える直接法
（Direct Method）や使用語彙数を学習者が理解できる 1000 語程度に制限
した Graded Direct Method（GDM）が開発される。その後，イギリス人

Harold E. Palmer によって開発され，日本では大正期に彼自身が直接来日してその普及に努めた Oral Method が続く（図 2-2 参照）。

　教授法の開発に大きな影響を与えてきた要因はいくつかあるが，残念ながら**戦争**はそのひとつに数え上げられる。例えば第二次世界大戦では，日本はアメリカの主要な敵国であり，その言語に堪能な人材が少なかったことから短期間に日本語に通じた人物の育成が求められた。日本文化をたった2つのキーワード，菊（天皇）と刀（恥の文化）で見事に分析して見せた『菊と刀』の著者であるルース・ベネディクトは，通称アーミーメソッド（Army Specialized Training Program, ASTP）という短期集中特訓法で日本語を学んだとされる[3]。ただこの教授法は短期間，集中的に TL のみでの生活を強いるため，学校教育など一般向けの教授法とは言いがたい。その後，1957 年にアメリカを出し抜く形で当時のソ連（現在のロシア）が世界初の人工衛星スプートニク（Sputnik）の打ち上げに成功するとそれは大きな衝撃となった。アメリカを凌駕するソ連の科学技術を見せつけられることにより，アメリカでは教育の現代化が加速する。その中でクローズアップされたのがオーラル・アプローチ（the Oral Approach または Audio-Lingual Method）である。この教授法には従来の教授法と大きく趣を異にする部分があった。それはブルームフィールド（Bloomfield）らによる構造言語学（Structural Linguistics）及び行動心理学（Behaviourism）の理論的裏付けを持っていたことである。この理論が仇になることもある（詳細は第 6 章で説明）。その理論的支柱である行動主義心理学の中心的論者であったハーバード大学教授スキナー（Skinner）が後に普遍文法の学説で有名になるチョムスキー（Chomsky）によって「ヒトの言語発達と動物の学習は根本的に異なる」として大きな批判にさらされてしまうと，フリーズ（Fries）によって理論化されたオーラル・アプローチは有用な練習方法を数多く有するにも関わらず教授法の表舞台から引きずり下ろされることになる。

3　日本文学者として著名なドナルド・キーンも「ルースベネディクトは ASTP で日本語を学びましたね」と述懐している（2009.7.1 Personal Communication）。

　一方，日本に目を転じてみると，第 1 章で学んだように日本は EFL 環境
にあるが，明治期初代文部大臣を務めた森有礼によって日本語を廃止し英語
を日本の国語にしようと提言されたことがある。次の記事を読んでみよう。

A century ago there were serious proposals put forward in this country for the
abolition of the Japanese language and all those kanji - in favor of English. That
was a time when Japan was being forced willy-nilly to open itself up to the
rest of the world after two centuries of relative isolation. The shock of Japan's
encounter with the modern world was, of course, enormous. It encouraged even
nationalist intellectuals, people normally obsessed with the problem of cultural
identity, to consider replacing Japanese with the leading Western language of
the late 19th century. Why were these thinkers willing to contemplate so radical
a change? The answer has a familiar ring. The most powerful reason offered by
intellectuals of the Meiji Period（1868-1912）why Japanese school children
should study English at the expense of Japanese was the need to master global
science and technology.

（*Japan Times*, October 7, 1996）

　この時，そのまま英語が日本の国語となっていれば今の日本の風景はすっ
かり異なったものになったであろうが，その後文部大臣に就任した井上毅や
文豪森鴎外や夏目漱石などによる反対の声が大きく，英語の国語化は実現し
なかった。さらに，その後，東京帝大教授藤村作による英語化廃止論（1927）
まで沸き起こり，その後の第二次世界大戦では英語は敵性語となり多くの学
校で教えることが禁止される憂き目にあうことになる。その中で大正期の
Palmer による Oral Method の紹介は教授法としては戦前唯一特筆すべきこ
とであったといえるであろう。Oral Method と Oral Approach は音声中心と
いう点はよく似ているが，Oral Approach が理論的背景をもとに確固とした
練習方法を確立していた点において相違が見られる。
　戦後，日本もアメリカからの影響で Oral Approach の導入が図られ，同
時に戦後からの完全復興をアピールする 1964 年東京オリンピックを迎える。
戦争が国家にとって外国語の有用性を感じる機会とするなら，**オリンピック**
は国民が外国語学習の必要性を肌で実感する機会となる。なぜなら普段は実

感することのない「コミュニケーションの手段としての英語」をEFL環境の日本でも実感することが出来るからである。1969年（昭和44年版）の中学校学習指導要領が言語活動を重視し「知って覚える」から「使って身につける」ことを強調したり，1970年（昭和45年版）の高校学習指導要領に「初級英語」と「英会話」が加わり，「聞く・話す」ことを重視したのは東京オリンピックからの英会話ブームの影響を反映していると考えられる。今後，2020年の東京オリンピック開催もまた日本国中に英語の重要性が認識される好機となるだろう。

　さて，世界に目を向けると1960年代の大きな動きは「学習者への関心」である。これまでは「どう教えるか」という教師からの視点が中心であったが，学習者の誤りを通してなぜ特定の文法項目が習得困難であるか考えたり（Corder の Error Analysis [4]），学習者がアウトプットする不完全な TL を中間言語（Selinker の Interlanguage）として肯定的に捉え [5]，その発達の道筋を探ろうとする**第二言語習得（Second Language Acquisition, SLA）研究**がはじまる。この関心はやがて，英語を学んでいる過程で学習者は実際に何をしているのかという学習のプロセスに対する関心を生み，同時に「同じ教室環境で学んでいるにも関わらず外国語学習に成功する学習者とそうでないものはなぜ生まれてしまうのか」という個人差（Individual Differences）に対する関心も生み出した。学習者に対する関心は従来の教師中心の教授法から，学習者が効果的に学ぶ教授法の開発へというという**第一のパラダイムシフト**（paradigm shift）を産み出し，学習者中心の教授法への大きな潮流の変化を作り出した。そのような中で多くの教授法，例えば，教師の発話を極力制限

4　error と mistake は日本語に訳すると誤りであるが，エラーは発達的な誤りで自分でなぜそれが誤りか分からないのに対して，ミステイクは言い間違えであって，母語においてもおこす誤りも含まれる。

5　よくネイティブの様にという例えが使われるが第二言語・外国語として英語を学ぶ場合，不完全なままで終わることが通常であり，ネイティブと寸分違わない英語を習得することを目標とすることは不適切であろう。その意味で発達の途上の言語を中間言語として肯定的に捉えることは重要である。

し，その分生徒に多く発話させようとするサイレント・ウエイ（Silent Way，教師が沈黙）や学習者の緊張感を軽減するためにバロック音楽を用いた暗示的手法を用いたサジェストピディア（Suggestopedia）などが考案されてきた。

　一方，この教授法発展にヨーロッパ，特に**欧州評議会**（**Council of Europe**）の果たしてきた役割は大きい。1980 年代に入ると，増加するヨーロッパへの移民をいかに新しい社会に適応させるかが大きな課題となった。そのような中でスムーズに社会生活を過ごすためのコミュニケーション能力の育成を目標とした Notional-Functional Syllabus が提唱されることになる。ここでは，英語のどのような概念（Notion，例えば量や時間的順序など）や機能（function，例えばお礼の言い方）が重要かという観点から教授法が構成された。その後 Notion に代わり英語が使われる場面（situation）との組み合わせで議論されることが多くなっているが，この延長線上にウィルキンス（Wilkins）が提唱したのが現在教授法の主流である Communicative Language Teaching（CLT, Communicative Approach）である。

　コミュニケーション能力養成を目指す CLT と並行して**英語コミュニケーション能力**（**Communicative Competence**）の構成要素は何なのかという議論は今日に至るまで長年続けられている。これは社会言語学者ハイムズ（Hymes）の造語であるが，チョムスキーが言語能力を運用としての文法能力ではなく抽象的な文法的能力（performance に対して competence）に限定したのに対し，文法能力があるからといって人と人のコミュニケーション能力があるとは限らないという極めて現実的な発想からスタートしている。例えば，"The cheese that the rat the cat the dog the man beat saw chased ate was green"（Cook, 2003, p. 43）という文は文法的に正しいが，このような文を書いたり言ったりする人のことをコミュニケーション能力があるとは言わない。ハイムズの考えを発展させたのは，カナダ・イマージョン教育の地道な研究を基礎に現在にも通じる仮説を提唱した Canale & Swain（1980）である。彼女達は文法的（文法・語彙・発音）能力に加え，話の構成や一貫性を示す談話的能力（discourse competence），言語使用場面に適した言語使用を示す社会言語的能力（socio-linguistic competence），自身の言語能力の欠損を補

いコミュニケーションの断絶を避ける方略的能力（strategic competence）を
コミュニケーション能力の構成要素とした。その後 Bachman（1990）の修
正モデルも提唱されているが，多くの研究者がこの 4 つの構成要素をコミュ
ニケーション能力を考える際の基礎としている[6]。

　そのような議論の中でよりコミュニケーション能力を育成するのに効果
的な教授法が提案されてきている。聴解を中心とするもの（Comprehension
Approach），聴解したものを体で示すもの（Total Physical Response, TPR），
意味内容の理解を中心とするもの（Whole Language や Natural Approach），
英語をツールとして様々な内容理解を目指すもの（Content-based Teaching），
学習者同士の協力を基礎に学ばせるもの（collaborative learning），学習
者を一つの共同体ととらえて学習を促進するもの（Community Language
Teaching），カウンセリング的手法を活用するもの（Counseling Language
Teaching）など数多くのものがある。これらの教授法は 1980 年代以降，北
米で再評価が進んだヴィゴツキー（Vygotsky）の発達の最近接領域（Zone
of Proximal Development, ZPD）のコンセプトの後押しも受け，さらに社
会文化的アプローチの枠組みも加え，発展を続けている。さらに，CLT の
発展を受け，近年ではタスク中心の教授法（Task-based Teaching, TBL）に
多くの注目が集まっている。

　また 20 世紀後半に忘れてはならないのはテクノロジーの発達の影響であ
る。コンピュータやインターネットが普及するのに合わせ従来の LL 教室
（Language Laboratory）は CALL 教室（Computer Assisted Language Learning）
へ進化し，英語の授業の中でドリル型の CALL 教材を活用したりインター
ネットからビデオや音声教材をダウンロードして活用することも珍しくなく
なってきている（広い意味での Computer Assisted Instruction）。またそのた
めの CALL 教材も数多く開発されてきている。活用形態もデスクトップ・ラッ

6　方略的能力はその後 Bachman（1990）によりメタ認知的方略にまで拡大され，
　さらに現在では認知的，情意的，社会的方略まで含むものに拡大されてきてい
　る（詳しくは Oxford, 1990, 2016 など）。

プトップコンピュータ（いわゆるノートパソコン）から iPad に代表される
タブレットやスマートフォン活用へと目まぐるしく進化している。今後さら
にこのような **ICT**（Information and Communication Technology）の進化は
教室の隅々にいたるまで大きな影響をあたえてゆくことだろう。

　21 世紀に入ると，CLT を軸としながら，ワーキングメモリの研究に代表
されるような認知心理学の知見やガードナー（H. Gardner）の多重知能理論，
ヨーロッパ委員会の CEFR（Common European Framework of Reference for
Languages: ヨーロッパ共通参照枠）のインパクトを受けながら教授法はさら
に進展してきている。学習者に効果的な学習方法・英語処理方略を教える
教授法（Strategy-Based Instruction, SBI）やイマージョン教育（Immersion）
にヒントを得ながら英語以外の教科を TL の英語で教える Content and
Language Integrated Learning（CLIL）などの新たな発展もみることができる。

　教授法の大きな潮流は，教師中心から学習者中心の教授法へ，文法ルール
の明示的教授からコミュニケーション活動の中で文法ルールに気づかせるも
のへ変化してきているが，日本の英語教育政策においても，CEFR や PISA
の Key Competency（2005）に後押しされる形で，学習活動重視（language
learner）からより言語活動重視（language user）へ，教師が「何を教えたか」
から Can-do リストに基づく学習者が「何ができるようになったか」へ，と
いう大きな変化，いわば**第二のパラダイムシフト**が進行している。この潮流
は大きなインパクトとして日本の英語教育に影響をあたえてゆくことだろう。

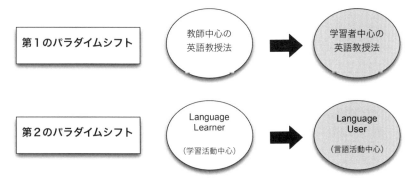

図 2-1　英語教育のパラダイム

▍2.2　教授法のメカニズム：ATM

　さて英語教授法を読み解く際，アプローチ（Approach），メソッド（Method），テクニック（Technique）の 3 段階のキーワードを活用すると便利である[7]。

a. アプローチ（信念：Approach）

　アプローチとは「英語教育観，信念，哲学」に関わる部分である（"assumptions dealing with the nature of language teaching and learning" Anthony, 1963）。すなわち，英語教授の本質とは何か（例えば，音声か，語彙か，受験か），英語の授業で何を目指し，どのスキルに特にフォーカスを当てるか，という部分である。意識しているかどうかは別にして，教師は何かしらの信念をもっている。この英語科教科教育法の授業も影響をあたえることができようが，これまでどのような英語教師にどのような授業を受けてきたか，という学習歴に影響される部分が大きい。なかなか表に出てこない部分であるが，授業の方向性を決める司令塔の役割に該当する最重要箇所といってよいだろう[8]。

b. メソッド（方法：Method）[9]

　メソッドとは「実際に英語の授業をどう組み立てるかという授業の設計」に関する部分（"overall plan for the orderly presentation of language material" 同上）である。具体的には，対象の生徒に合致した教材や活動を[10]，どう

7　Anthony（1963）は 3 つのキーワードの説明が明快になされている古典的名論文である。

8　Natural Approach のように Approach が名前についたものはこの教授法で何を目指すかといった方向性を示すものが多い。

9　Oral Approach（Audio-Lingual Method）のように両方の名前を冠するものもあるが，Grammar Translation Method のように Method が名前についたものはより具体的な授業の進め方を示すものが多い。

10　この部分は教師の生徒観に影響される。

選択しどの順番に並べるか，教科書をそのまま使うのか，補助教材を利用するのか，視聴覚教材をいつ提示するのかという部分に対応する。

c. テクニック（仕掛け：Technique）

　テクニックとは，「授業を実行する際の具体的な授業方法」に関する部分である（"a particular trick, strategy, or contrivance used to accomplish an immediate objective" 同上）。教授法には Technique が名前につくものはないが，どの教授法もこのテクニックなしには実行できない。授業を観察していて最も目に付きやすい部分であり，直接学ぶことができるのがこの部分である。発問の仕方など特定の教科に限らずどの授業でも応用できるものが多く，「授業の技」とも言うべきものである。

　従来は，一つのアプローチのもとにいくつかのメソッド，そして数多くのテクニックがありそれぞれが内的一貫性を保っているべきと考えられてきたが，実際にある一つのアプローチやメソッドが100％そのまま利用できる教室は存在しない。現在ではこの 3 つのカテゴリーを組み合わせて各教室にあわせ修正・適応させてゆくのが妥当な方法とされる。すると多様な教授法のレパートリーを持っておくこと，特に，英語教師としての信念（アプローチ）の妥当性を確認しながら，数多くのメソッドとテクニックに教師が通じておくことが重要になる。これは教職課程の学生であれば友人の模擬授業，現在受講している様々な授業（専門科目に限らず）から学ぶことができるといえる。逆説的にいうならば，テクニックやメソッドが皆無の授業は存在しない。授業の始め方，展開の仕方，生徒の興味の惹き方，または生徒の指名方法に至るまでどの授業からも何かを学ぶことができる。

　順番は異なるがこれらを**教授法の ATM**（Approach Technique Method）と覚えておこう。この 3 つの概念を上手く使いこなすとお金を，いや効果的な英語教授法を引き出し，上手に活用することができるようになる。

2.3 「よい」教授法を探して

　このように教授法を概観して素朴に浮かぶのは「どの教授法が決定版なの
か？」という疑問であろう。おそらく Communicative Language Teaching
（CLT）と答えることが正解とされるのであろうが，かならずしもそうとは
限らない。なぜなら，もしそうであるとしたらほとんど全ての日本の中・高
等学校の教室で CLT を用いた授業が展開されているはずであるが，実際は

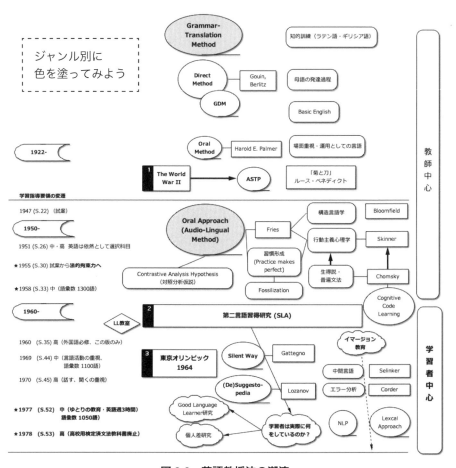

図2-2　英語教授法の潮流

必ずしも（というよりも多くの場合）そうなっていない。特にこのテキストの読者である大学生諸君が中・高校の教育実習で体験するのは多様な教授法である。なぜ，教授法はひとつにきまらないのだろうか？それは端的にいうなら，良い教授法とは学校によっても，学年によっても，教室によっても異なるということである。

　それは外的要因としては**クラスサイズ**（35 人規模の大クラスか 10 人程度の小クラスか），内的要因としては学校と教師のアプローチ（英語教育に

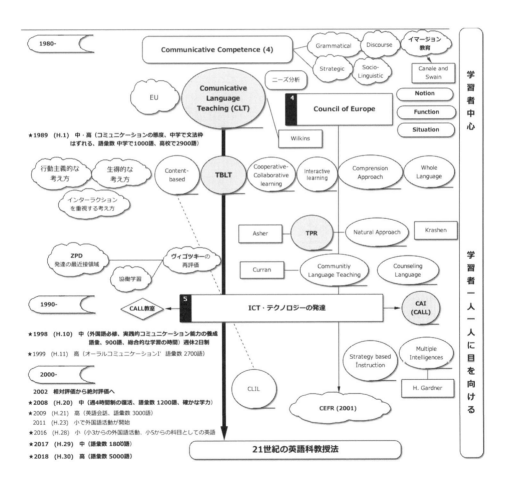

関する信念），教師の英語運用能力，学習者の英語に対する関心・意欲・態
度の相互作用によって決定されるように思う [11]。「日本でなぜ英語を学ぶの
か？」という疑問と，生徒と一緒によりよい英語の授業を作りあげる姿勢を
大切にしながら，教師がより適切なメソッドとテクニックを選択し，状況に
応じて適応させてゆくのが「よい」授業へのショートカットとなるのではな
いだろうか。そのためにも教師がメソッドとテクニックの引き出しを豊富に
持っておくことが求められるのである。

演習・Discussion Point

- あなたにとって英語の授業とは何か？ Approach の部分を言葉に出して言って
みよう。
- 効果的な授業のテクニックや利用できる小道具について意見交換しよう。

教授法の未来についての余白

　授業の ATM いかがでしたか。23 才で英語教師になったとすると定年まで約
35 年間。教授法に変遷があったように，各教師の中にも教授法の発展があるの
ではないでしょうか。あなたが教壇に立って 10 年未満，10 年後，20 年後と教師
としてどのように成長できているか想像してみると面白いですね。それにしても
Approach（教師の信念）によって教授法が選択されているとするとその重要性が
分かります。学習指導要領（文部科学省）はどのような Approach を持っているの
でしょう。どうやってその概念構成を作成しているのでしょうか。

Further Reading

Larsen-Freeman, D., & Anderson, M.（2011）. *Techniques and principles in language
teaching*（3rd ed.）. Oxford: Oxford University Press.
　英語教授法で全体を見通したければまずこの本に当たるべきだろう。教授法の
背景，具体的な教え方など目を見開かされる部分が多い。

Richards, J. C., & Rodgers, T. S.（2014）. *Approaches and methods in language teaching*
（3rd ed.）. Cambridge: Cambridge University Press.
　同じく英語教授法についての詳細な情報を得ることが出来るのがこの本。長編
だが関心のあるところだけ読むとよい。

次章の予告：英語能力の構成要素について考えます。

11　例えば大学進学を目指す進学校では大学受験で高得点を取るための授業が英
　　語コミュニケーション能力を高めることよりも優先されるだろう。

コラム：テクニックを収集しよう ‖‖

　一般的に英語を教える際の重要性は「アプローチ→メソッド→テクニック」の順と考えられるかもしれないが，案外テクニックが最も重要かもしれない。考えてみると教授法の紹介授業でない限りひとつの教授法だけで授業を展開することは考えにくい。逆転の発想で数多くのテクニックを組み合わせながら，自分なりのメソッドを作っていくのも面白い。テクニックはモジュールのように組み合わせが可能。別の言い方をするならテクニックはTeaching Strategies。どのようなストラテジーを利用するか，教材活用ストラテジー，生徒のモチベーションを上げるストラテジー，授業開始時に利用するストラテジーなどいろいろありそうだ。こうやって想像するだけでも楽しい。生徒の「わくわく」は教師の「わくわく」から始まっている。

第3章　日本語母語話者にとっての英語能力とは？

> 重要な問い1：会話をするという一連の行為の中で何が行われているのか。
> 重要な問い2：日本人英語学習者が目指す英語力とはどのようなものか。
>
> **Keyword:**　①コミュニケーション能力　②英語学習者が目指す英語力
> 　　　　　　　③発信力

　わたしたち人間は生まれながらにして言語を習得する能力を与えられている。言語は社会生活を営む人間の間で，社会において他者と関わりながら生きるうえでのコミュニケーション体系として，知覚・感情・思考の伝達のために用いられる。

3.1　コミュニケーション

　わたしたちの多くは学校教育において外国語としての英語を学ぶ。小学校，中学，高校と数年にわたり英語を学びながらも英語が使えるようにならないという嘆きを耳にする。中学校・高等学校の学習指導要領でも「コミュニケーション」という語が盛んに登場しているが，コミュニケーションとはそもそも何なのか。言語を用い情報の授受や意思疎通を図る時，わたしたちはどのようなことをしているのか。

　コミュニケーションとは伝達行為である。母語である日本語を用い不自由なく会話をしている場面をあえて例として考えてみよう。正しく発音ができる，文法的に正しい文章を作ることができる，流暢に話すことができるとい

うことだけがコミュニケーションを成立させているのではないことがわかる。話す相手の立場，年齢，置かれた状況によりわたしたちは話し方を変えている。例えば，相手とのコミュニケーションをうまく図ろうとするとき，何となく会話がぎくしゃくとした感じがするとき，こちら側の言い分を何とか相手に伝えたいと思うとき，自分に不利にならないようあえて話題を避けるときなど，話す相手やその状況に応じて臨機応変に対応させている。外国語として英語を学ぶ学習者が，コミュニケーションの手段として英語を用いる際も母語と同じように使えるようになるのが理想とする目標である。

a. コミュニケーション能力（communicative competence）の 4 要素

　第二言語習得研究の分野におけるコミュニケーション能力（communicative competence）には様々な定義があるが，カナダのイマージョン教育研究をもとに提唱された **Canale & Swain**（**1980**）の文法的能力（grammatical competence），社会言語的能力（sociolinguistic competence），談話的能力（discourse competence），方略的能力（strategic competence）の 4 要素からなる定義が広く受け入れられている[12]。

　文法的能力は，文法，語彙，発音からなる言語知識全般をいい，語彙を用いて文法に従い文をつくる能力のことであり，言語の基本要素である。**社会言語的能力**は，社会的に適切な言語使用ができる能力を示す。相手との関係や場面，状況に応じて，適切なことばや表現を用いることがコミュニケーションを円滑に行う鍵となる。**談話的能力**は，流暢さを示し，つじつまが合うやりとりをスムーズに交わせること，対話として正しく自然な文章で会話できる能力のことをいう（結束性，一貫性）。文をつくり，それらをつなぎ合わせ，発言に対し意見を述べる，質問に対し返答するなど，会話としてのやりとりができることが重要となる。**方略的能力**は，コミュニケーションの目的を達

12　コミュニケーション能力については Bachman（1990）のモデル "Components of communication language ability in communication language use" もよく知られている。

成するための対処能力をいう。様々な理由でコミュニケーションに支障が生
じた場合や，より効果的にメッセージを伝えるために用いられる対処方法の
ことで，例えば，言い換え，聞き返しなどの行為である。あえて自分の苦手
な発音の単語の使用を避けること，返答に困ったときに話題を転換すること
なども方略的能力とされる。このようなこともコミュニケーションの一部な
のかと思うが，考えてみれば，わたしたちは時にこういった方略能力に助け
られていることは確かである。文法的能力，社会言語的能力，談話的能力に
おける話し手の不備を補うのが方略的能力である。

表 3-1　英語能力の構成要素

(1) 文法的能力 (grammatical competence)	【語彙・発音・文法】 語彙，発音，文法などの言語体系を正確に操作する手続き知識
(2) 社会言語的能力 (sociolinguistic competence)	【社会的に適切な言語使用】 ことばが使われている社会的な文脈を理解し，場面，目的，話し手と聞き手の関係などの要因に応じて，適切な言語形式と内容のことばを使う能力
(3) 談話的能力 (discourse competence)	【流暢さ・結束性・一貫性】 いくつもの発話を適切に組み合わせテキストを構成し，まとまりのある内容を伝えたり，文脈から話し手の意図を的確に判断する能力
(4) 方略的能力 (strategic competence)	【コミュニケーションの目的を達成するための対処能力】 様々な理由でコミュニケーションに支障をきたす場合や，より効果的にメッセージを伝えるために用いられる対処方法であり，言い換え，聞き返しなどの行為 (※1〜3の能力の不備を補うのが4)

b. 5 つの学習項目とレベル別重要度

　言語学者の Higgs（1982）が発表したモデル（図 3-1）は，第二言語を学
習する際に主に必要となる Vocabulary（語彙力），Grammar（文法の知識），
Pronunciation（発音），Fluency（流暢さ），Sociolinguistic（社会言語的能力）
の 5 つの項目の重要性（＝必要性）が，学習過程（Level 1 〜 5）において
どのように変化するかを説明したもので [13]，合計 100％で 5 項目の重要性

を示している。

　例えば，**Level 1**（**Novice level**）で縦に線を引いてみると，① Vocabulary, ② Grammar, ③ Pronunciation の 順 に 重 要 性 が 高 く， ④ Fluency と ⑤ Sociolinguistic（competence）はまだそれほど必要とされない。つまり，初級レベル学習者にとって最も重要なのは基本的な単語の意味と基本文法を覚えることと発音を覚えることである。

　Level 3（**Intermediate level**）では Grammar と Vocabulary が入れ替わるものの，これら 2 つの重要性は依然として高い。Fluency と Sociolinguistic は徐々に求められるようになり，Fluency を追いかけるように Sociolinguistic が続く。つまり，中級レベル以上では文法学習の必要性が語彙学習を上回り，単語を継続的に覚えつつも言語を理解する力がより重要になってくる。同時

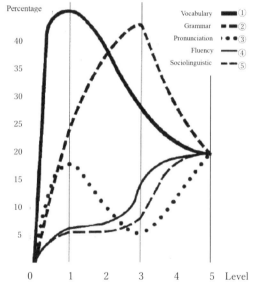

に，伝達手段としての言語の正確性やそのやりとり，使い方なども求められるようになる。

　Level 5（**Advanced level**）では 5 項目が 1 点にまとまっている。これは，上級レベルに至っては，5 項目すべてにおけるバランスのよさが求められるということを意味する。流暢さは，語彙と発音，文法の基礎がしっかり固まってから身に着くものであり，流暢に話すということは，社会言語的能力も自ずと話し手に期

図 3-1　Higgs の第二言語学習における 5 つの学習項目とレベル別重要度
　（図中の縦線と凡例の番号は筆者による）

13　Higgs, T. V., & Clifford, R.（1982）. 図 3-1 は p. 69 より引用。やや古いが有効なモデルである。説明の 5 つの項目の中で "Sociolinguistic" は本来ならば "Sociolinguistic competence" となるべきであろうが，あえて補足せずそのままの形で引用している。

待される要素であるということである。

　一方で，興味深いのは発音である。初級レベルで上昇後一旦下降し，上級レベルで再度上昇している。初級レベルは学習語の母音・子音の基本的な発音（音声学的要素）について学ぶ時期にあたり，母語との違いを意識した学習になる。とにかく最初は覚えた単語や文を音声として口から出すことが求められる。上級レベルではより流暢に言語を操るために，また，より豊かで複雑な表現を可能にするために，強勢，リズム，イントネーションなど（音韻論的要素，超音素）について学ぶ時期となる。日本語を母語とする英語学習者の多くは，「ネイティブのような発音」に憧れ「きれいな発音」ができることを理想にしているが，このモデルにおいては発音の重要性は単語や文法の重要性を上回ることはない。第二言語学習では豊富な語彙と言語を理解するための文法を基盤に，意味のあるやりとりができること，相手や状況を踏まえて対話ができることが重要である。発音において学習者に求められるのは，誤解されないレベルでの正確さである。英語のネイティブ・スピーカーではないのだから，ネイティブのように話す必要はないのである。

3.2　日本人が目指す英語コミュニケーション能力

　1 章で「国際語」としての英語がどのようなものであるか考える機会を得た。では英語を国際語として使う場合，具体的に日本語を母語とする英語学習者にとって期待される英語力はどのようなものなのか。国際共通語としての英語を学ぶために，特に発信する力，伝えたい内容を掘り起こすこと，表現することへの意欲の 3 点に焦点をあてて考えてみよう。

a. 発信する力

　かつては，外国語を学ぶ目的は書物を読み，外国からの学問・文化を受容することであった。しかし現代はインターネットで世界中と瞬時につながり，英語が国際共通語として使われる以上，受容にとどまってばかりはいられない。求められればこちらからも発信し，相手との対話を深めることができる

英語力を身に付けることが今の時代に必要なコミュニケーション能力である。「発信する＝英語を話す・書く」という発信力のベースになるのは，英語を読む力が重要なカギを握る。われわれは読むことで知識を広め教養を深める。内容のある文章を読み，それを理解し，後にはそれが知識や教養となって話されることになる。読む力が話す力になり，書く力になる。そして，いい文章を書くにはモデルとなるいい文章に多く出会うことが求められる。このようにしてわれわれは語彙を増やし書き方を学んでいく。読むこと，書くことは時間のかかる面倒なことであるが，このプロセスを踏むことなく発信する力を得ることはない。

b. 伝えたい内容を掘り起こすこと

コミュニケーションとは，相手から投げられたボールを受け取りこちらからも相手をめがけてボールを投げるキャッチボールでなければならない。相手から発信されたメッセージを受け理解するだけでなく，こちらからも返信してはじめてお互いの理解が深まるものである。発信するためには，伝えたい内容をもっていることと勇気を出して表現することの双方が重要となる。

気がついただろうか。コミュニケーションとは英語，日本語という言語の種類で異なるものではなく，話すことをつくりだす思考力，目に見えないものや形に表せない気持ちをことばで表現する言語力，受け取った情報を批評する力など，言語そのものを土台にした最も人間的な活動である。表現したいことがある，伝えたいことがあるということが土台にあり，それを日本語で行うか英語で行うかのチャンネルの違いである。しかしながら，実は，情報の送り手になることは容易なことではない。日本は**ハイコンテクスト**（**high context**，コンテクストの共有性が高い文化のこと）の環境にあり [14]，伝える努力やスキルがなくても相手の意図を察しあうことで，なんとなくお互いを理解することができるという。このような環境で生まれ育った日本語母語

14　アメリカの文化人類学者エドワード .T. ホールが唱えた「ハイコンテクスト文化とローコンテクスト文化」という識別法（Hall, 1976）。

話者にとっては，あえて伝えたいこと，話したいことを言語にすることが容易ではないという。一方，欧米は**ローコンテクスト（low context）**文化とされ，コンテクストに依存せず，言語によるコミュニケーションを図ろうとする。言葉で表現することに対し積極的な姿勢を示し，その姿勢が高く評価される。言語で表現するということでは正反対の方法をとるとされる日本文化と欧米文化では，コミュニケーションに関する能力は異なった見方をされる。日本語母語話者が英語を話す際に注意すべきポイント，努力すべきポイントがここにある。

「もっと英語が話せたら…」ということをよく耳にする。たしかに英語で不自由なく言いたいことを表現することができれば理想的である。しかし，その前に母語である日本語で日頃からどれくらい発言しているかを考えてみよう。意見を求められても，もしその分野について知識・教養がなければ，笑ってごまかすしかないのではないだろうか。母語である日本語でこのような言語活動を十分に行っていないとすれば，学習言語の英語で行うのはさらに困難であろう。このような実情があるにもかかわらず，英語で質問され何も言えなかったからといって「もっと英語ができたら…」と英語のせいにしてはいけない。気持ちや考えを伝えるという目的を達成するためには，日頃から知識教養を身につけ積極的に発信しようと心がける習慣を母語において身につけておくべきであろう。これは「英語だから話せない」という問題ではなく，母語である日本語において積極的に発信する習慣がないのだとすれば，小・中・高と学校教育を受けていく上で一貫性のある言語力育成のための訓練が必要になる。

c. 表現することへの意欲をもつこと

現在，時間と経済的余裕があれば「英語をマスターしたい」という目標を掲げ英語圏に語学研修に行くことは容易にできるようになった。英語学校の情報はインターネットでいくらでも収集可能であるし，場合によっては英語を使うことなく入学手続きから渡航準備をすることも可能である。現地ではESLの授業を終え，日本人仲間と行動を常に共にし，部屋に戻ればインター

ネットで日本のニュースを日本語で夜遅くまでチェックする。数字さえ読むことができれば，買い物に行って英語が話せなくてもなんら困ることはない。教室を出て使う英語は "Thank you." と "Excuse me." だけということも珍しくない。何のために「そこ」へ行ったのか。英語を使わなければいけない環境に身を置くために，あえて覚悟を決め語学研修へと向かうのが本来の姿であるが，情報社会である今日，便利なものに囲まれた生活がある。その便利さを享受しつつもあえてわれわれが心掛けなければならないのは，積極的に自ら行動する意欲，失敗を恐れず他者と関わっていく勇気を常に持つことである。

　例えば，"Do you like reading books?" と Yes-no 疑問文で質問された場合，Yes または No の一言で返答することは簡単であるが，そこでもう一言付け足す努力をしてほしい。"Yes, I do. I like science fiction very much." "Oh, you do? I like historical novels." と会話が続く。"What did you read lately?" "Oh, if you are interested, I really recommend this novel to start." とさらに進む。最初は読書が好きかどうかの質問から，どのような本を読んだか，どのようなことをその本から学んだかという話題へと展開していく。読書の経験が材料となり会話が意味をもった内容となる。

　例えば，誰かが何かを発表する。発表が終わると "Any comments or questions?" と聴衆に視線があてられるのが一般的である。であるならば，「何かひとつ質問しよう」という気持ちで発表を聞くようにしよう。最初は "Thank you for your presentation. It was an interesting research." と感想を述べるだけでもよい。慣れてきたら "Let me ask one thing about ..." や "Could you explain once again ... ?" とやりとりをしてみよう。自分の理解が正しかったかどうか確認してもよい。

　また，何か言われたときにそれがどういう意味かわからない場合に "What do you mean?" と聞き返すことも必要になる。言いたいことがあっても適切な表現がわからないとき，自分が知っている単語を総動員してでも説明を試みる。自分に不利な流れになるのを防ぎたいなら話題を変えてみる。これもコミュニケーション能力の一つである。

　しかし，英語で言いたいことを言うのはなかなか大変なことである。いつもうまく適切な表現を思いつくとは限らないし，相手の意見に同意できない場合もある。説明するのが面倒くさいと感じることもあるだろう。大切なのはコミュニケーションしようする意欲（**willingness to communicate, WTC**）を持つことである。もちろん，よかれと思って言ったことで相手を傷つけてしまうこともある。ことばは意味をもち，人の心に入り込むもので，発言者の責任が伴う。ここで面倒くさいとあきらめるのは簡単かもしれないが，われわれが目指す英語コミュニケーション能力を思い出そう。母語と同じように英語で表現できるようになるためには，恥ずかしい思いをしてでも何とかしてことばとして口から英語を発する努力をしなくてはいけない。うまく表現できなかった，理解してもらえなかったという口惜しさを次の努力へ繋げていかなくてはいけない。そういった苦労を乗り越えるから，相手に思いが通じたとき，英語で自分を理解してもらったときの喜びが大きいのだ。その成功体験が「もっと話せるようになりたい」という動機付けになる。失敗も成功も語学学習には必要な経験である。

3.3　小中高でどう連携するか？

　2011年度から施行された新学習指導要領では「外国語活動」の目標として，「積極的にコミュニケーションを図ろうとする態度の育成を図り」（小学校，中学校，高校で共通），小学校では「外国語の音声や基本的な表現に慣れ親しませながら，コミュニケーション能力の素地を養う」こと，中学校では「聞くこと，話すこと，読むこと，書くことなどのコミュニケーション能力の基礎を養う」こと，高校では「情報や考えなどを的確に理解したり適切に伝えたりするコミュニケーション能力を養う」ことを挙げている。ここでは言語活動ということにポイントをおき，小中高でどのような連携ができるかを考えてみたい（資料-7）。

　小学校では，子どもたちは学校生活において友達や先生との交わり・関わりを通してさまざまな体験を重ね，ことばのもつ影響力を知る。ことばによっ

て励まされ，ことばによって傷つくことを学びながら成長する。また，どの
教科においても授業では，ことばによって理解し，理解できたことを伝え
る，仲間に対して発表するという言語活動を低学年からしっかりと浸透させ，
母語での言語活動の基礎を培いたい。母語でしっかりと表現できるというこ
とは，ひとつの言語体系を理解できているということになる。この母語におけ
る言語活動の基礎こそが中学校での英語学習を司るものとなる [15]。一方で，
英語でも日本語と同じようにもの（名詞）の呼び方があること，動作（動詞）
も表現できるということを，短く簡単な文で紹介することができる。日本語
とは異なる英語独特のリズムを音楽に乗せて紹介することも効果がある。小
学校高学年では知的好奇心も高まってくるため，単なる繰り返しの活動だけ
でなく，簡単な英語で問題を解く，計算させるといった活動も好まれる。聞
くことを中心に行動させ，理解度を確認することができる。

　中学校では本格的な英語学習が始まる。小学校で聞き慣れた単語や短い文
を踏まえつつ，基本語彙習得へとつなげていく。特に中学校の最初で学習す
る基本語彙 100 語は，学習者の将来の英語力に関わる役割をもつ（9 章参照）。
英語学習をはじめた最初の段階でこの基本語彙をベースに英語の骨組や土台
を理解させ，基本となる構文をもとに単語を入れ替えるなどしながら，文を
組み立てる練習をさせたい。小学校では「聞いてわかる」「真似て発音する」
英語であるが，中学校では「読んでわかる」「話して伝える」「書いて伝える」
という活動に徐々にシフトさせていく。学校で学んだことを基礎に自分で学
ぶ意欲をもたせ，中学生の英語のレベルでも英語の言語活動に関わっていけ
るような仕組みを用意してやりたい。自分の英語でも通じるのだという感動
は大きな励みになる。自分で学ぶ意欲は自律的学習の基本である。鉄は熱い
うちに打とう。

15　J. Cummins は，共有基底言語能力モデル（CUP モデル：common underlying
　　proficiency model）を提唱し，表面的には別々の二言語であっても，基底部分で
　　は様々な知識や教養，能力や経験などが共有されるため両言語が堪能になるこ
　　とを説明した（Cummins, 1979）。

　高等学校では中学校で身に着けた英語学習を継続しながら，より積極的に
かかわっていくことができる工夫を与えたい。また，日本語とどのように異
なるのかという視点で英語を観察させることも，母語と学習語という違いか
ら言語というものをよりよく理解するきっかけとなる。覚えなければならな
いことが限りなくあるというとらえ方ではなく，英語の文法や発音，イディ
オムなど，注意して見るとそれぞれが規則的なパターンの上に成り立ってい
ることに気づかせることができる。そして高校のレベルでは「英語でどう言
うのだろう」という気持ちを常にもって毎日を過ごすよう指導したい。目に
見えること，感じたことを独り言のように英語で言ってみると，自分の知っ
ている語彙の少なさ，文法のおぼつかなさ，表現の乏しさにハッとする。そ
して，辞書を引いてみる，ニュースを英語で聞く，インターネットで興味の
ある記事を英語で読むなど，できることから始めてみる。そのように自ら積
極的に英語で表現する機会を求めていくことが，言語活動における可能性を
広げていることになる。わたしたちは表現することで理解され，間違うこと
で訂正され，知らなかったことがあれば謙虚にそこから学ぶのである。さら
に，英語表現がわからなかったら日本語表現をそのまま英語にしてみること
も挑戦である。「日本語ではこう言うのだけれど英語ではこんなふうに言う
のか」と会話が進めば，それは異文化理解へと展開する。異なった言語を話
すもの同士が言語を介してお互いの文化を理解しあうおもしろさである。

　さて，小中高でどう連携するか。実際にはなかなか容易にはいかないテー
マではあるが，教員として児童，生徒の将来ある言語活動の基盤を培うため
に，高く理想を掲げ取り組んでいきたいものである[16]。

16　J. Cummins は前述の CUP モデルに基づき，発達相互依存仮説を提唱し，日
　　常生活のコミュニケーションで必要な「基本的対人伝達能力（BICS: basic
　　interpersonal communicative skills)」と，教科学習に必要な「認知・学習言語能
　　力（CALP: cognitive academic language proficiency)」という 2 つの言語能力を示
　　した。学習者の CALP は学習者の言語的知識，教科に関する知識，認知的能力
　　が融合したもので，教室活動によってさらに促進される（Cummins, 1979)。

演習・Discussion Point

- 日本語の表現をそのまま英語に訳して理解されなかった，英語として通じたが意味を取り違えられてしまった経験はないだろうか。また，それはどのような表現だっただろうか。
- 参考資料をもとに生徒の英語能力をどのように伸張させるとこができるか考えてみよう。

英語コミュニケーション能力についての余白

　意外なことに，英語能力とは何かという明確な定義はまだ合意されていません。従って英語能力をパーフェクトに評価する方法もありません。その意味では日本における，また中学 1 年生における英語能力とは何かを，英語学習の目的，見通しを考えながら英語教師ひとりひとりが考える必要があるといえます。

Further Reading

Higgs, T. V., & Clifford, R. (1982). The Push toward communication, in T. V. Higgs (eds.) *Curriculum, competence, and the foreign language teacher.* pp. 57-79. Lincolnwood, Illinois: National Textbook Company.
　　第二言語を学習する際に主に必要となる語彙力，文法の知識，発音，流暢さ，社会言語的能力が学習過程においてどのように変化するかを図で示している。
Hall, E. T. (1976). *Beyond Culture.* New York: Anchor Books.
　　コミュニケーションにおいて文化の無意識的・非言語的領域に目を向ける重要性を説いている名著。ことばで表現しない，または言葉で表現できない部分の大切さについて知ることができる。

次章の予告：英語能力の評価方法，テストのあり方について考えます。

 コラム：甘いものに目がない ∥∥∥∥∥∥∥∥∥∥∥∥∥∥∥∥∥∥∥∥∥∥∥∥∥∥∥∥∥∥∥∥∥∥∥
　　筆者が高校時代に経験したアメリカでのホームステイで，甘いものが大好きだと伝えようと思い「甘いものに目がない」という表現を直訳し "I have no eyes for sweets." と言ったところ，「興味がない」と理解され，食後のデザートをしばらく出してもらえなかった。どうしてもデザートが食べたくて，つたない英語でイナかバナかの説明を試みた。『日本語では『甘いものに目がない』という意味は，大好きだということ』を伝えると「英語ではそれは『甘い歯をもっている (have a sweet tooth for)』と表現する」のだと教えてくれた。日本語の表現が英語でも通じてしまったことにまず驚き，しかも正反対の意味で通じてしまったことにもびっくりした。高校生ながらも，「好き」ということを日本語では「目」で，英語では「歯」で表現することは大変興味深かった。

第4章　英語能力をどう評価するか？

重要な問い1：よいテストとはどのようなものか。
重要な問い2：Can-do リストは何の役に立つのか。

**Keyword:　①測定，評価，評定　② Can-do リスト
　　　　　　③ CEFR，観点別評価**

　生徒の成績評価は教師が果たすべき重要な役割の一つであり，定期試験や小テスト，課題，授業内演習におけるパフォーマンス等の測定（measurement）に基づいて，個々の生徒に対する評価（assessment/evaluation）が行われる。しかしながら，実際に評価を行う際に教師はどのような基準を用いてどのように生徒の英語力を評価すればよいのであろうか？教師が，この生徒は英語力が高いという場合，それはどのような基準に基づいているのであろうか？ここでは，学習者の英語の能力をどのような形で捉えるかを述べつつ，実際の教育現場でどのように適切に生徒の英語力を評価すべきであるかを考える。

4.1　英語能力とその評価

a. 英語能力の構成概念とは

　生徒の英語力の評価の際には，英語の能力とは何かという定義，つまり**構成概念（construct）**を考えてみることが必要である。構成概念の定義は言語観や言語理論，言語教育の価値観などによって変化するので，絶対的に定義するのは容易ではないが，一般的には，いわゆる四技能(リスニング，スピー

キング，リーディング，ライティング）に加えて，土台となる文法力や語彙
力があり，言語の運用面ではコミュニケーション能力といったものも含まれ
る。これらの英語能力の中身は，それを構成するサブスキルを考えてみると
具体的に理解しやすい。Brown（2010）は，四技能別の **Micro/Macro スキ
ルのリスト**を作成している。例えば，リスニングとスピーキングのこれらの
スキルのうち主要なものを挙げると次のようなものがある。

リスニングの例

［Micro-skill］

- 英語の音の聞き分けができる
- さまざまな長さのチャンクを短期記憶の中に保持することができる
- 英語の強勢（ストレス）のパターン，語強勢，リズム，イントネーショ
  ンが分かる
- 速さの異なる発話であっても理解できる

［Macro-skill］

- 発話の状況や参加者，目的に応じて，その発話のコミュニケーション機
  能が理解できる
- 世の中に関する知識に基づいて，発話の状況，参加者，目的を推測でき
  る
- 述べられているできごとや考えから，その結果を予測したり，因果関係
  を推測したり，情報の種類を見抜いたり，一般化したり，例を挙げるこ
  とができる
- 表情，動作，身振り等の非言語的な手がかりに基づいて意味を読み取る
  ことができる

スピーキングの例

［Micro-skill］

- 英語の音素（phoneme）や異音（allophone）の使い分けができる
- 英語の強勢（ストレス）のパターン，語強勢，リズム，イントネーショ

ンを使うことができる
- 語用論的な目的に従って様々な語句を使用することができる
- 様々な速さで流暢に話すことができる
- ある意味合いを表現するのに文法的に異なった言い方をすることができる

［Macro-skill］
- 状況や参加者，目的に応じてコミュニケーションの機能を適切に使いこなすことができる
- 対面の会話において，発話のスタイル，使用域（register），含意，会話のルールなどを適切に使用できる
- 話すことと共に，表情，動作，ボディーランゲージなど非言語的な合図を使うことができる

　これらのスキルを見れば，リスニング能力とは単に *right* と *light* の区別のように音声を聞き分けられることだけではなく，発話の持つ意図や機能を適切に理解できるような能力も必要であることが分かる。また，スピーキング能力についても，英語らしい発音ができるだけでなく，コミュニケーションができたり，身振りや手振りなどのジェスチャーを適切に使いこなすことなども必要とされていることが分かるであろう。四技能の評価を正しく行うには，単一のスキルだけを測定するのではなく，複数のスキルを多面的に測定して適切な評価を行うことが必要であるといえる。

b. 評価とは

　評価（assessment）にはテストが用いられることが多いが，テストの目的とは，これらの構成概念に基づいて受験者の言語能力の測定（measurement）を行うことである。一般に，良いテストの条件としては次のような条件を備えていることとされている。

　1）信頼性（reliability）――そのテストが測定したい能力をどの程度一貫して測定しているか

2）妥当性（validity）——そのテストが測定すべきものをどの程度適切に
　　測定しているか

3）実用性（practicality）——そのテストの作成，実施，採点がどの程度現
　　実的に可能であるか

4）真正性（authenticity）——そのテストが現実の言語使用の状況をどの
　　程度反映しているか

5）波及効果（wash-back）——そのテストを実施することによって授業に
　　どのような影響があるか

　また，テストにはその基準の捉え方により，**集団基準準拠テスト**（norm-referenced test: NRT）と**目標基準準拠テスト**（criterion-referenced test: CRT）がある[17]。集団基準準拠テストは，テストの受験者という集団の中での個人の成績を相対的に見るもので，他の学習者との比較によって成績評価を行う相対評価の基準を取る。TOEFL や IELTS 等の熟達度テスト（proficiency test）や出題範囲を決めない実力テストなどもがこれに当たる。一方，目標基準準拠テストは，定められた学習目標に学習者が到達できたかどうかを測るもので，他の学習者との成績比較ではなく，学習者個人の達成度を評価する絶対評価の基準を取るものである。期末テストや中間テストなど，出題範囲や内容が決まっている到達度テスト（achievement test）がこれに当たる。

　教師は，テストで測定したデータに基づいて評価を行うが，通常はテストの点数だけを用いるのではなく，学習態度や課題等の他の観点項目も加味して総合的な評価を行うのが一般的である。評価には幾つかの方法があるが，その一例として**形成的評価**（formative evaluation）と**総括的評価**（summative evaluation）がある。形成的評価とは，個々の生徒に対する評価を学習期間（学期など）内で行い，その結果を逐次生徒にフィードバックしながら授業を進めていくやり方である。形成的評価では，生徒の理解度が小テストなどによっ

17　norm とは平均点という意味である。すなわちテストの平均点に対してどのくらい上位又は下位であるか集団における相対的な評価がなされる。それに対して criterion とは予め設定された評価規準（到達目標）。

てより小まめに確認され，学習目標を達成するための支援が受けられるという利点があり，それによって学習者は英語力を伸ばすことができるとされている。それに対して総括的評価は，一定の学習期間が終了した時点で学習効果を測定して評価する方法であり，期末テストを実施したり，プロジェクトとしてプレゼンテーションを行わせたりして，それにより評価を行う場合などがこれに当たる。実際にはこれら2つの評価方法のどちらかだけを利用するのではなく，併用した形で評価を行うことも多い。テストの点数だけで生徒の英語力を評価するのではなく，生徒の授業におけるパフォーマンスの評価とのバランスを取って評価することが重要であるといえるであろう。

　試験の成績よりもパフォーマンスを重視する考え方に基づいて提唱されているのが代替評価法（alternative assessment）である。従来はテストの成績という「結果」によって評価を行うことが主流であったが，1990年代になって評価に対する考え方に変化が起きた結果，学習の「過程」を評価する代替評価法が提唱されるようになり，その代表的なものとしてはポートフォリオ評価（portfolio assessment）がある。ポートフォリオとは，本来は作品や書類を入れておくフォルダや書類カバンのことであるが，英語教育においては，学習の過程で学習者が作成した英語のエッセイ，日記，スピーチやプレゼンテーションの録音，チェックリスト，テスト，クイズなどの資料を収集してまとめたものを指し，学習者がそれらを継続的に見直して改善していくことを狙いとしている。ポートフォリオによって振り返り（reflection）と選択，自己評価を行うことは，学習者のメタ認知を促すとともに学習に対する責任感を持たせることができるとされている。また，ポートフォリオの形で結果を残すことは，学習者の発達，成長の過程を現物で残し，記録することができるという利点がある。特に，スピーチやプレゼンテーションなどのパフォーマンス評価のためには，教師と学習者の間でのカンファレンスが行われ，一定の**ルーブリック**（**rubric**）に基づいて評価が行われる。教師が評価を行うだけでなく，学習者が自己評価を行ったり，学習者同士で評価をするなどの形が取られる。ポートフォリオの使用には，教師や学習者に多くの手間と時間がかかることや，評価の数値化が難しいことなどの問題があるとさ

れているが，従来のペーパーテストをベースとした評価だけでは十分ではないと判断される場合には，ポートフォリオ評価を取り入れることを検討してみるのもよいであろう。

4.2　CEFR と Can-do リスト

　近年,学習者の能力を「〜することができる」という能力記述文（descriptor）でリスト化することが注目されてきており，これらは一般に can-do リストと呼ばれている。その代表的なものとして CEFR（Common European Framework of Reference for Languages: ヨーロッパ言語共通参照枠）があるが，CEFR は欧州評議会（Council of Europe）によって 2001 年に開発され，これまで 40 近い言語で書かれている。このような外国語の熟達度を示す Can-do リストが必要となったのは，ヨーロッパでは国境を越えた労働者や学習者の往来が盛んであるため，背景となる文化や母語が異なる彼らの外国語能力（特にコミュニケーション能力）を示す共通の基準が必要となるという背景から開発されたからである。CEFR は，**複言語主義**（**plurilingualism**）の考えに基づいているため特定の言語について述べたものではないが，目標言語としての外国語の熟達度を A1 − A2 − B1 − B2 − C1 − C2 の 6 つのレベルに分け，それぞれのレベルの学習者が，社会状況において具体的にその言語を使って何ができるかを示す Can-do statement のリストが示されている。CEFR では，A レベルは基礎段階の言語使用者，B レベルは自立した言語使用者，C レベルは熟達した言語使用者とされており，各レベルの全体的な尺度としては表 4-1 に示すようなものとなっている。CEFR はシラバスやカリキュラム，試験，教科書などを作成する際の基準としてだけでなく，学習者が自己評価を行う際のチェックリストとしても用いられる。また，自律的学習を推奨するという考えから，学習者が自ら学習目標を立て，学習の進捗度合いを確認することができるよう，ELP（European Language Portfolio：ヨーロッパ言語ポートフォリオ）と呼ばれるポートフォリオも作成されている。

　CEFR のような形で，あるレベルの学習者が外国語を用いてどのようなことができるかを can-do リストで示すことは，学習者が自己の熟達度（proficiency）を確認したり，学習目標を設定したりするのに有用であるとされている。また，教師にとっても，これらの指標に従って学習者の英語力を客観的に判断したり，教材選定やテスト作成の基準として用いることができるという利点がある。しかしながら，CEFR をそのままの形で日本の英語教育に用いることには問題が無いとは言えない。例えば，ヨーロッパと日本では外国語の使用環境が社会的，文化的に異なる部分があることや，A1 か

表 4-1　CEFR の全体的な尺度（Council of Europe, 2004 をもとにした）

熟達した言語使用者	C2	聞いたり，読んだりしたものをほぼ全て理解できる。 より複雑な状況下でも細かな意味合いの違いを使い分けて，自分のことを流暢に正しく表現することができる。　　　　　　　**マスター（Mastery）レベル**
	C1	様々な種類の長くて内容が難しいテクストを理解することができ，暗黙に示されている意味を理解できる。 使いたい表現を探しているような印象を与えないで，流暢かつ自発的に自分のことを表現できる。社会的，学術的，仕事目的のために言語を柔軟かつ効果的に使用することができる。 　　**効果的言語運用ができる（Effective Operational Proficiency）レベル**
自立した言語使用者	B2	自分の専門分野の技術的な討論を含め，抽象的かつ具体的なトピックの複雑なテクストのメインアイディアを理解できる。 お互いに緊張しないで母語話者とやり取りができるくらい流暢かつ自然である。 幅広い話題について，明確かつ詳細なテクストを作ることができ，さまざまな選択肢の長所や短所を示しながらトピックについての自らの視点を説明できる。 **見晴らしの良い場所（Vantage）レベル（B2 が学校教育の最終ゴールと考えられる）**
	B1	仕事，学校，娯楽などでよく遭遇する身近な話題について，はっきりと普通に話されれば要点を理解できる。 その言葉が話されている地域を旅行しているときに起きそうなほとんどの状況に対処できる。 経験，出来事，夢などを説明し，意見や計画の理由や説明を手短に述べることができる。　　　　　　　　　　　　　**敷居（Threshold）レベル**
基礎段階の言語使用者	A2	自分に最も直接的に関係する領域に関する文や頻用表現が理解できる。 馴染みのある物事についての直接的な情報交換が必要な簡単で決まりきったタスクにおいてコミュニケーションができる。 　　　**そのままでは失われてしまうかもしれない（Wastage）レベル**
	A1	具体的な種類のニーズを満たすために用いられる日常的な表現と基本的なフレーズを理解して使うことができる。 自分や他人を紹介することができ，どこに住んでいるか，誰と知り合いなのか，何を持っているかなどの個人的な情報を質問したり，それに答えたりすることができる。 相手がゆっくり，はっきりと話してくれて，会話を手助けしてくれれば，簡単なやり取りができる。　　　　　　　**突破口（Breakthrough）レベル**

ら C2 までの尺度で見た場合，日本人英語学習者の多くが A1 又は A2 レベルになってしまうという問題がある。そこで，日本の英語教育に特化したCEFR を作成するプロジェクトが発足し，2012 年に CEFR-J の Version 1 が公開された[18]。

CEFR-J では日本人英語学習者の英語力に関するデータに基づいて CEFRの能力記述文を日本人用に再編集し，学習者の英語力をより細かいレベルに分けて can-do リストが作成されている。例えば，A1 レベルの前段階としてPre-A1 のレベルが追加されたり，CEFR の A1 レベルを更に 3 つのレベルに細分化するなどの変更がなされている。

このような can-do リストの利用は今後ますます広がる見込みで，文部科学省も中学校，高等学校の外国語教育においては，各学校が到達目標としての can-do リストを作成して利用することを促しており，そのための手引を出している（『各中・高等学校の外国語教育における「CAN-DO リスト」の形での学習到達目標設定のための手引き』平成 25 年 3 月文部科学省初等中等教育局[19]）。この中では，学習指導要領に基づき，観点別学習状況の評価における「外国語表現の能力」と「外国語理解の能力」について，学習到達目標として生徒が身に付けるべき能力を各学校が明確化して活用することを提言している。

4.3　観点別評価

本章ではこれまで英語能力の評価について述べてきたが，それでは実際の教科授業においては，どの様な形で評価を行えばよいのであろうか。文部科学省は，学習評価の基本的な考え方について，平成 25 年度からの新たな学習指導要領をふまえて，平成 22 年の改善通知で学習評価についての指針を示している（文部科学省初等中等教育局長通知「小学校，中学校，高等学校

18　http://www.cefr-j.org
19　http://www.mext.go.jp/a_menu/kokusai/gaikokugo/1332306.htm

及び特別支援学校等における児童生徒の学習評価及び指導要録の改善等について」平成 22 年 [2010 年] 5 月 11 日付[20])。

この指針のポイントは主に次の 2 点である。

1) 目標に準拠した評価を行うこと

2) 観点別の学習評価を行うこと

1) の目標に準拠した評価は，クラスや学年等の学習者集団内の相対的な成績の順位に基づいて評価を行う「相対評価」ではなく，予め設定した到達目標 (**評価規準**[21]) を達成できたかどうかによって評価を行う「絶対評価」を行うことであり，学習指導要領が示している目標に照らしてその実現状況を評価することである。相対評価では、個々の学習者の成績が，クラスや学年といった集団の中での順位によって決められる。そのため，例えばＡＢＣＤで評価を行う場合，Ａが 15%、Ｂが 25%、Ｃが 35%，Ｄが 25％といったように段階ごとの割合が決められることが多い。一方, 絶対評価では, 個々の学習者の成績を，あらかじめ設定した学習目標に対してそれをどの程度達成したかによって評価するもので，集団内での位置づけや各評点の割合などは考慮しない。文部科学省の評定に関する方針は，かつては相対評価が用いられてきたが，2002 年度から絶対評価に基づくよう改められている。

2) の観点別評価については,「知識・技能」,「思考・判断・表現」,「主体的に学習に取り組む態度」の 3 つの評価観点別 (全教科共通) に Can-do リスト等の形で具体的な評価規準を設定し，それらを分析的に評価した上で総括を行い，学期毎などに「評定」(5 段階評価などの形の成績判定) を行うことを意味している。評価の観点として，外国語教科においては次の内容が含まれる。

○ 言語材料 (音声・語彙・文法・文字), 言語機能・文化などの背景知識, 外国語表現・理解スキル (知識・技能)

○ やりとりなどが含まれる外国語でのコミュニケーション能力 (思考・判断・表現)

20　http://www.mext.go.jp/b_menu/hakusho/nc/1292898.htm

21　評価基準はいわば評価の観点であり，規準は観点に加え実際に評価する際に使われる目盛りを含むと考えるとその区別は分かりやすい。

　　〇外国語を主体的に学び，使う態度（主体的に学習に取り組む態度）

目標に準拠した評価を行うために，これらの観点別に具体的な評価規準を設
定し，単元毎に，

　「十分満足できる」状況と判断されるもの……………………… A

　「おおむね満足できる」状況と判断されるもの ………… B

　「努力を要する」状況と判断されるもの …………………… C

の 3 段階で評価することとされている。評価規準の例としては，外国語表現
の能力で「話すこと」についてであれば，「場面，状況にふさわしい表現を使っ
て話すことができる」のようなものがあげられる。

　評価の方法については，授業観察やインタビュー，ノートやワークシート，
レポートやエッセイ，ペーパーテストなどがあり，教師の評価だけでなく，
生徒の自己評価や生徒同士の相互評価を取り入れることもでき，当該科目の
目標に照らし合わせて学習の実現状況を分析的に評価する。また，**指導と評
価は一体**という考え方から，単に学期末に一度の評価を行うだけでなく，例
えば，単元毎に評価を行ってその結果を生徒にフィードバックし，その後の
学習や指導に役立つ形の評価方法の実施が求められている。

　一方，学期末や年度末などに行う総括的な成績評価としての「評定」は，
学習の実現状況を単元毎に行った観点別のＡＢＣ評価や点数による評価を総
括することで行い，一般に，以下の 5 段階で生徒指導要録や通知表に記載する。

「十分満足できるもののうち，特に程度が高い」状況と判断されるもの………… 5

「十分満足できる」状況と判断されるもの ……………………………………… 4

「おおむね満足できる」状況と判断されるもの…………………………………… 3

「努力を要する」状況と判断されるもの …………………………………………… 2

「一層努力を要する」状況と判断されるもの……………………………………… 1

　ただし，評定については，観点別評価によって機械的に計算するのではな
く，個々の生徒の学習に対する取り組みの姿勢等も考慮するなどして，授業

を担当した教師の判断という要素も取り入れる必要がある。しかしながら，実際の教育現場では，毎回の授業時間中にクラス全員の生徒に対してこのような細かな観点別評価を実施することは，現状のクラスサイズを考えると教師の負担が大きく，実施困難な部分があることも事実である（「平成21年度文部科学省委託調査学習指導と学習評価に対する意識調査」による）。そのため，これらの評価方針や趣旨を十分に理解した上で個々の現場に合わせた現実的な評価規準や評価方法を設定するべきであろう。

　先に述べたように，日本の学校教育においても観点別評価が推奨される流れになっているが，観点別評価は必ずしも万能ではないことに留意しておくことが必要である。観点別評価が適切に機能するためには，信頼性や妥当性のある適切な評価規準が設定される必要があり，評価の実施についても統一的に行われる必要がある。観点別評価の持つ特性を十分に理解した上で適切に利用するべきであろう。

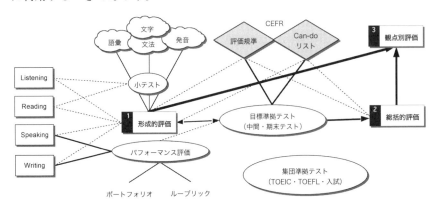

図 4-1　英語能力評価の全体像

演習・Discussion Point
- CEFR-J を参照しながら自分自身の英語能力がどの段階にあるかペアで考えよう。
- 評価規準の作成，評価方法等の工夫改善のための参考資料（国立教育政策研究所が作成）（小学校，中学校，高等学校対象）（http://www.nier.go.jp/kaihatsu/shidousiryou.html）を読み，具体的な評価規準にはどのようなものが

あるかを確認しよう。

英語能力についての余白

　大学入試における外部標準テスト（TOEFL など）の導入が議論されていますが，今後英語能力とは何なのか，一層の議論がなされる必要があると思います。みなさんは英語能力とは一体何だと思いますか。英語教師として自分なりの定義が欲しいですね。

Further Reading

Council of Europe: Council for Cultural Co-operation. Education Committee.（2001）.
　　Common European framework of reference for languages: learning, teaching, assessment.
　　Cambridge University Press.
　　CEFR について参照レベル，自己評価表が掲載されているだけでなくその活用
　　方法，評価自体についての解説も詳しく参考になる。日本語翻訳版も出版され
　　ている。
キース・モロウ（2013）.『ヨーロッパ言語共通参照枠（CEFR）から学ぶ英語教育』. 研
　　究社
　　CEFR を単なる評価のツールとしてではなく，CEFR をもとにポートフォリオ，
　　自己評価の在り方など評価から授業英語学習へどう活かすことができるか指針
　　が書かれている。

次章の予告：有力な教授法であるコミュニカティブアプローチについてじっくりと考えます。

コラム：コンピュータ・リテラシー

　　本章で述べたような様々な形の評価を正しく行うには，正確な成績処理が欠かせない。しかしながら，Microsoft Excel® のような表計算ソフトの操作は苦手だという学生も意外と多い。最近では，生徒の成績評価に関しては，正確であるだけでなく客観性についての説明責任（accountability）も求められるため，成績評価の根拠を数値で見せられるようにしておくことが重要である。学校現場では 1 クラスに何十人もの生徒がいるクラスを何クラスも担当するわけであるから，成績評価の際には表計算ソフトの使用が不可欠となる。また，表計算ソフトを使えば，得点の分析や点数による並べ替え等も簡単に行うことができ，個々の生徒の学力やクラス全体の理解度の把握にも利用することができる。もはや点数を電卓で手計算して成績評価をする時代では無いことを理解し，教壇に立つ前に表計算ソフトを使えるようにしておこう。

第5章　Communicative Language Teaching とは？

重要な問い1：タスクはどのようにして作成するのか。
重要な問い2：CLT で文法をどう教えるのか。

Keyword:　① CLT　② Task-based Language Teaching　③ Focus on Form

　近年の英語教育ではコミュニケーション能力の養成が重視されていること
は言うまでもなく，文部科学省の学習指導要領においても，中学校・高等
学校共に英語によるコミュニケーション能力を重視した内容になっている。
本章では，コミュニケーション能力の養成を目標とする Communicative
Language Teaching を取り上げ，その例として，タスクを利用した指導法と
フォーカス・オン・フォームがどのようなものであるかを解説する。

5.1　Communicative Language Teaching とは

　Communicative Language Teaching（CLT）は Communicative Approach と
も呼ばれ，現在では外国語教授法の中心的存在になっている。CLT は言語
の持つ最も重要な機能はコミュニケーションであるとする考えに基づき，学
習者のコミュニケーション能力（communicative competence, Hymes, 1971;
Canale & Swain, 1980）の養成を目標としている（第3章参照）。

　古典的な文法訳読法やオーラル・アプローチで行うパターンプラクティス
のドリル型演習は，形式（form）の演習が主であるため，それだけでは必

ずしも実際的なコミュニケーション力の養成には結びつかないという問題がある。CLT では，意味（meaning）の伝達や言語の持つ機能（function）の使用といったコミュニケーションのための言語運用能力に重点を置き，実際に言語が使用される状況や場面（context, situation）を設定して，そこでのコミュニケーション演習を行わせるという形を取る。

　中学校学習指導要領（2008）から言語の働き（機能）と言語の使用場面について考えてみよう。例えば，言語の働きの例として「依頼する」「禁止する」とある。すると，CLT では対応するものとして，Can I have 〜（例えば, a cup of coffee）? Could you give me 〜（例えば, a cup of water）? といった表現を教える。ここで function とは有益な英語表現のもと又はそのパターンと置き換えてもいいだろう。実際に英語を使う場面ではこのような表現パターンに熟達することにより自然なコミュニケーションが可能となると考えられる。「ほめる」ファンクションでは，You look nice in 〜（例えば, that dress). I like your 〜（例えば, glasses).「助言する」では，You should 〜（例えば, go and see a doctor). などを提示する。一方, 言語の使用場面に関しては,「あいさつ」「自己紹介」「電話での応答」「買い物」「道案内」「旅行」「食事」などと EFL 環境下にある日本では探すのがやや苦しいように思えるが，高等学校学習指導要領（2009）に提示されているように「劇」や「朗読」や「電子メール」「プレゼンテーション」「映画」「雑誌」など AI（After Internet）時代に相応しい言語使用場面を想定することが求められるだろう。

　実際のアクティビティーにおいては，学習者に自らの意見や考えを表現する機会をできるだけ与えると共に，英語の誤りをその場で指摘することはせず，**正確さ**（**accuracy**）よりも**流暢さ**（**fluency**）を重視する。

　CLT は基本的にはアプローチであり，特定のメソッドや指導法は設定されていないが，学習者中心のアクティビティーを行わせることが多いのが特徴で，学習の最初の段階から 4 技能の演習が行われる。CLT では，ペアワーク，グループワークの学習モードにより，ロールプレイ，シミュレーション，ゲームなどの要素も加味したタスク, 例えば代表的にはインフォメーション・ギャップ（情報格差）型タスクや問題解決（problem-solving）型タスクが用

いられる。

　例えば，インフォメーション・ギャップでは，同じ町の地図でも，それぞれ記載されている建物や通りの名称や場所が異なる 2 種類の地図をペアに与え，お互いに欠けている情報を英語でやりとりしながら地図を完成させるというような形のアクティビティーである。

　また，CLT ではオーセンティックな教材を使用し，実生活での現実のコミュニケーションの場面に近い形で英語運用の演習を行わせる。具体的には，雑誌の記事や新聞の天気予報や広告，レストランのメニュー，バスの時刻表等の実物の言語教材（レアリア：realia）を用いて情報のやりとりや話し合いをさせたり，店頭での買い物というシチュエーションでロールプレイを行わせたりすることが挙げられる。学習者のレベルや関心を考慮してレアリアやタスクを適切に選択すれば，効果的に学習動機を高めることができる。

5.2　タスクを利用した英語の授業

　CLT に基づく英語指導法として注目を浴びているのが，Task-based Language Teaching（**TBLT**，タスクに基づく言語指導）である。これは，目標を達成するための活動を行うタスク（課題）を学習者に与えることによって，その活動の過程で英語学習を行わせるものであり，「旅行の日程表を作成する」「買い物の計画を立てる」「自分たちの学校を紹介する」など，日常生活で現実的に体験するようなタスクが用いられる。学習者は与えられたタスクを達成する過程において，英語を用いて意味の理解や伝達，交渉を行わなければならず，文法や語彙といった言語形式の学習だけでなく，コミュニケーションを通じて目標言語の習得を行うことになる。そのため，TBLT は Communicative Approach の 'strong version'（Howatt,1984）と呼ばれることもある。教師は，学習者の年齢や英語の熟達度，興味，ニーズ等に合わせてタスクを設定することになるが，タスクのレベルとしては，学習者が自分だけで達成可能なレベルより少し高い程度で設定する。TBLT では学習者自身の活動が重視されるため，教師の主な役割は，適切なタスクを選択して

学習者に与えることと，授業においてはタスク学習をモニターし，それらが
適切に促進されるように必要に応じてガイドしていくことである。学習者が
主体的にタスクに取り組んでいる間は，教師は観察者となり，学習者の言語
使用や文法的な間違いなどに対する指摘や指導は事細かに行わず，これらは
リキャスト（後述）の形で行われたり，タスクの達成後に行われる。タスク
へ取り組ませるパターンとしては，学習者が個々に取り組むものから，ペア，
グループ，クラス全体で取り組むものまで多様な設定が可能である。タスク
の種類としては，問題解決型のものや，創作型のもの，経験の共有，リスト
作成，並べ替え，比較などがある。教師は担当するクラスの授業目標，学習
者の英語力，クラスの形態等に合わせて適切なタスクのタイプを選ぶことに
なる。Wills（1996）は，タスクの構成形態としてのフレームワークを示し
ている（図 5-1）。

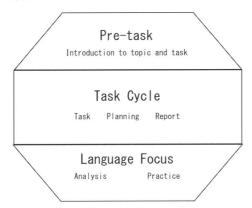

図 5-1　Willis（1996）によるタスクのフレームワーク

　これによると，タスクは，「Pre-task」「Task cycle」「Language focus」の 3
つの段階で構成される。Pre-task では，そのタスクで扱うトピックが教師に
よってされ，そこで使用する単語やフレーズの説明や確認が行われる。扱う
タスクは生徒にとって有意味なもので実際的なものである必要がある。Task
cycle では，学習者は与えられたタスクをペアやグループで開始し，その中
で英語を使ってやりとりを行う。教師は生徒たちの活動をモニターする。タ

スク終了後，成果を発表する前段階としてその準備（planning）を行う。教師は発表の方法や注意点などを学習者に説明して理解させると共に，学習者からの要求に応じて助言を行う。その後の発表（report）では，学習者はタスクで行った内容について口頭発表を行ったり，レポートを作成して提出したりする。教師はそれらに対するコメントをフィードバックするなどの形でまとめを行う。最後の段階として，Language focus の段階に進む。ここでは主にタスクで使用した語彙やフレーズ，文法事項等の言語形式を生徒に分析させること（analysis）でそれらを意識させることが行われ，その後，教師の指導を伴ってその運用演習（practice）を行わせることで定着を図るものである。評価に関しては，最終的なタスクの達成度によって行われる。このような TBLT のプロセスとポイントをまとめたのが，図 5-2 である。

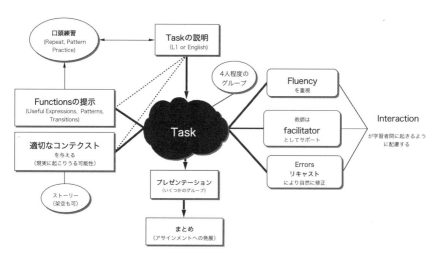

図 5-2　CLT における TBLT の流れとポイント

（1）まず教師は学習者が取り組むタスクの内容について説明を行う。この場合，複雑である場合には学習者の母語で行ってもよい。（2）次にタスクで活用する Function の説明及び口頭練習を行う。例えば，病院における「医者と患者のやりとりのタスク」であれば，

Doctor: What seems to be the problem?

Patient: I have（病名 diarrhea, a headache など）.

を提示・練習する。ただし，これは次のタスクのための練習であるので，それほど深入りすることなく，あくまでも function の提示・練習に留める。（3）コンテクストの説明を行う。これが実際に「あり得る」状況であることを学習者に信じ込ませる必要がある。この場合，教師は架空の話を実際の経験のように話すことも可能である。

　（4）タスクに学習者が（ペアまたは 4 名程度のグループで）取り組んでいる間は，教師は学習の促進者（facilitator）として質問に答えたり，会話が滞っているグループに助言したりして，目標言語（Target Language; TL）によるインタラクションが学習者間により多く起きるよう教室内を注意深く観察しながら机間支援をおこなう。エラーの修正よりはリキャストを用いることによりコミュニケーションがより長く続くようサポートする。（5）最

表 5-1　タスクの種類

タスクの種類	内容・例	難易度
Opinion exchange task	「留学するとすればどの国に行きたいか」など自由に意見交換する	高度
Decision making task（Problem solving task）	「TOEFL のスコアが留学には不足している，どうすればよいか」「500 円しかないが，家族の誕生日に 1000 円のプレゼントを買いたい」などの問題をペアやグループで解決する	高度
Dictogloss（Retelling）	英語をリスニングし，目標言語を使いながらペアで再現する（テキストを見ずに）	やや高度
Jigsaw	複数のメンバーがそれぞれ異なる情報をもち，互いに情報交換しながら全体像を完成させる，Information gap task の発展版	中程度
Information gap task	ペアやグループメンバーが互いに不足した情報を持ち，情報交換することにより同じ情報を持つ（最も一般的なタスク）	易
Plus-one dialogue	教科書などのダイアローグの続きをペアで作成する，即興でパートナーが言ったことに対応する	易

後に（全員は不可能でも）いくつかのグループの成果を全体でシェアをすることにより，タスクの達成感をあたえるようにする。このように，TBLT は一貫した流れに基づいて行われるものであることが分かる。

　タスクには多様な種類があるが，例えば次のような分類が可能である。より詳細なタスクの内容や種類，具体例については参考文献を参照されたい。

　タスクを行うとは，すなわちコミュニケーション活動に学習者が取り組むわけであるが，もともとタスクは作業や課題を意味し，架空ではなく現実に英語使用する可能性のある状況で TL を使う過程で TL の能力が育つと考えられている。そのため，タスク設計においては，「学習者間で目標言語によるメッセージのやりとりがあるか？」という大命題を前提に，次の 4 点に注意する必要がある。

生徒が…　　A. 情報の送り手（sender）になっているか？
　　　　　　B. 情報の受け手（receiver）になっているか？
　　　　　　C. タスクは自然なコンテクスト（context）になっているか？
　　　　　　D. 目標のファンクション（function）が含まれているか？

　条件 B はさほど難しいことではないが，条件 A の自ら情報を発信する送り手となることは，なかなか容易ではない。特に日本は文化的にハイコンテクスト（high context）の環境にあり [22]，言葉ですべてを説明する必要がない環境に私たちは慣れてしまっている。「話したい内容」を掘り起こさないと話すことがないのが日本の環境であることを考え合わせると，「話してみたい」「情報の交換をしてみたい」と思わせるタスクを設計するにはこのコンテクストをよく考える必要があるだろう。

　TBLT は実際のコミュニケーションの場面に近い形で演習を行わせるため，実生活への応用性が高いとされる指導法であり，他の指導法と比べて目標言語の運用力の養成に効果的であると言われている。しかしながら従来の指導法とは教師の役割が異なることや，生徒に主体的にタスクに取り組ませるた

22　第 3 章を参照のこと。

めの工夫やタスク実施のための教材が必要になるなど，実際に行う場合の課
題点を認識しておく必要があるといえるだろう。

5.3 コミュニケーション活動と結びついた文法指導：FonF

　CLT はコミュニケーション能力の養成を主たる目標としているため，
Grammar-Translation Method のように，文法や語彙といった言語の形式
（form）に対する明示的な説明を教師が先に行い，その後学習者がその演習
を行うという形は想定していない。また，前述の TBLT でも，学習者がタ
スクに従事している間は，教師は学習者の誤りを積極的に指摘，修正するこ
とはしないとされている。しかしながら，CLT や TBLT でも文法習得の必
要性を否定しているわけではなく，学習者が一定以上の英語の運用スキルを
習得するには，体系的な文法知識や語彙知識を持つことは必要な条件の一つ
であると言えるであろう。特に，英語の学習を開始したばかりのビギナー
レベルの学習者にとって，日常的なインプットの量や種類が十分ではない
EFL の環境においては，学習者がインプットの中から自らの気づきによっ
て帰納的に文法規則を発見して習得することは容易なことではない。そのた
め，CLT を行うにしても何らかの形で学習者に文法や語彙を教えることは
必要なことであり，Nunan（2004）は，言語形式（form）とコミュニケー
ション機能（communicative function）と意味（semantic meaning）の関係
が明確になるような教え方がなされるべきだと述べている。近年このような
考えに立って，CLT においても文法指導を取り入れる「**フォーカス・オン・
フォーム**」（**Focus on Form: FonF**）と呼ばれる指導法が 1990 年代以降，注
目を浴びてきている（Long, 1991）。
　フォーカス・オン・フォームではコミュニカティブな英語学習を行わせ
る中で，文法や語彙などの言語形式（form）にも注目（focus）させる指導
法であり，これらに焦点を合わせることで学習者の言語形式に対する**気づ
き**（**noticing**）を促進することを狙いとしている。ちなみに，文法訳読法や
オーラル・アプローチのように，言語形式を中心に教える従来の指導法は

Focus on Forms（**FonFs**）と呼ばれており，FonF と FonFs は区別される（表
5-2 を参照）。

　FonF では生徒に言語形式を意識させること（consciousness raising）をね
らいとしている。そのため，FonF では TBLT と同じようにタスクに従事さ
せる場合でも，教師は学習者の誤りを正しく言い直す**リキャスト**（**recast**）
を与えたり，ターゲットとなる文法事項を学習者とのやりとりの中でさり
げなく使用する**プレキャスト**（**precast**）を与えたりして，言語形式への注
目を促すことが図られる。実際の授業では，指導すべき文法項目をあらか
じめ設定し，例文中からその項目を含むものを選ばせるなどの事前指導を
行った上でタスクを行わせ，タスク終了後にフィードバックを与える**明示的**
（**Explicit**）**指導**や，指導すべき文法項目を含んだインプットを多く与えて学
習者の気付きを促す**暗示的**（**Implicit**）**指導**などが取られるが，文法に関す
る説明はあくまで補助的なものにとどめるべきであり，文法訳読法のように
これがメインになってしまわないように注意したい。

表 5-2　焦点から見た各指導法の分類（Long & Robinson, 1998 をもとに作成）

Option 2	Option 3	Option 1
analytic	*analytic*	*synthetic*
focus on **meaning**	focus on **form**	focus on **formS**
Natural Approach	TBLT	GTM, ALM, Silent Way, TPR
Immersion	Content-Based LT(?)	
Procedural Syllabus	Process Syllabus(?)	Structural/N-F-Syllabuses
etc.	etc.	etc.

　文法訳読法やオーラル・アプローチは，文法項目の指導を実際のコミュニ
ケーション活動から切り離したところで行い，言語形式の指導，演習に終わっ
てしまうところに問題があるとされている。一方，CLT は，コミュニケー
ション能力の養成を重視し，あまり文法指導を明示的に行わないため，文法

知識が体系的に習得されにくいところに問題があるとされている。FonF は
これら両者の問題点を解決する指導法として注目されてきており，EFL 環
境における指導法としても有望なものと考えられるが，実際にこれを行うに
は，教師側の準備や教材の充実，実際の指導例に関する研究など今後の課題
も多いことも認識しておきたい。

　本章ではコミュニカティブな英語指導法について見てきたが，日本の英語
教育は文法訳読法で言語形式に対する知識を重視するか，それとも実用的な
コミュニケーション能力を重視するかの間で長年揺れてきた。文法重視派は，
「日本は EFL の環境なのだから，学校ではまず文法や読解力をしっかり教え
ておくべきで，必要になった時にコミュニケーションの訓練をすればよい」
と主張する。コミュニケーション重視派は，「受験英語は役に立たない。グロー
バル化の時代なのだから実際に使える英語を学校で教えるべきだ」と主張す
る。どちら側の主張にも正しいと思われる部分があるが，結局は，FonF が
示しているように，文法もコミュニケーションも両方必要だと言えるのでは
ないだろうか。日本の英語教育には様々な制約があることは理解できるが，
文法とコミュニケーションのどちらを取るかという一元論はそろそろ終わり
にすべきではないだろうか。英語学習の目的や環境，学習者の特性がこれだ
け多様化している現在，どれか一つの英語教授法をスタンドアロンで用いて
効果をあげることは難しく，どちらの教授法が優れているかという議論は意
味を持たなくなってきている。そのため，英語教育の目的や学習環境を考慮
した上で幾つかの教授法を組み合わせる折衷法（eclectic method）を取るこ
とが現実的であるといえるのではないだろうか。

演習・Discussion Point

- 中学校または高等学校の英語の検定教科書を見て，タスクを含む演習課題等
がどのような形で取り入れられているかを調べてみよう。
- 中学校または高等学校の英語の検定教科書を参考に実際にインフォメーショ
ンギャップタスクを作ってみよう。

CLT についての余白

　CLT が英語教授法の本命と言われて久しいがなかなか日本の学習環境に定着していません。CLT-J のような日本の環境に適合した（adapted）コミュニカティブアプローチを構成してゆくことは研究者のみならず教師の重要な責務と考えられます。その際中心となるタスクを多彩・多様に開発できるようにすることが重要になることは間違いないと思われます。

Further Reading

ジェーン・ウィリス（2003）.『タスクが開く新しい英語教育 - 英語教師のための実
　践ハンドブック』開隆堂　タスクの開発の方法が具体的に記述されている。日
　本の学習環境下でどのようなタスクが可能なのか考えるヒントになる。
和泉伸一（2009）.『「フォーカス・オン・フォーム」を取り入れた新しい英語教育』
　大修館書店
　コミュニケーション活動を中心に据えながら文法形式にも注目させる理論と方
　法論を学ぶことができる。

次章の予告： Oral Approach について考えます。

コラム：Hello. How are you? のその先に

　「あなたの英語学習の目的は何ですか？」と尋ねれば，多くの人が「コミュニケーション」と答えるであろう。外国の人と英語でコミュニケーションをしたいと思っている人は多いだろうし，私自身もその一人である。しかしながら，"Hi. How are you?""Not bad. How are you?" などと挨拶はできても，その先が続かないという経験はないだろうか。相手と会話を続けたり，small talk と呼ばれるちょっとした雑談をしたりするには，話題となる話の中身が無ければコミュニケーションは続かない。そのため，コミュニケーションには，英語自体の勉強をするだけでなく，いま話題になっていることにアンテナを張ったり，様々な分野についての知識を深めたり，他国の文化や習慣に対する知識を学んだりしておくことも必要なことではないだろうか。何か一つでも相手と共通して話せる話題があれば，英語力にかかわらずコミュニケーションは進むものである。

第6章　Oral Approach とは?

重要な問い1：オーラル・アプローチの何が批判されたのか。
重要な問い2：オーラル・アプローチの中で活用できるのはどの部分か。

**Keyword:　①backward buil-up drill　②pattern practice
　　　　　③エラーの修正**

　オーラル・アプローチほど波乱の経緯をたどった教授法はない。多くの有用なテクニックを備え，学習者のスピーキング，リスニング能力を中心に英語能力の伸張を目指す教授法。この章ではその理論的背景を理解しながら実際の英語の授業に活用する方法を考える。

6.1　オーラル・アプローチの概略

　オーラル・アプローチは1940年代，アメリカ・ミシガン大学のCharles Fries によって提唱された。ソ連（現在のロシア）の世界初となる人工衛星の打ち上げ成功に端を発するスプートニクショック（1957年）を契機に盛り上がったアメリカの教育現代化運動を追い風に，1960年代以降，理論的外国語教授法としてアメリカのみならず世界中にまたたく間に普及していった。他の教授法と異なるのは，構造言語学と行動主義心理学という理論的裏付けを持つ強みであるが，これは後に諸刃の剣としてオーラル・アプローチを窮地に追い込むことにもなる。

　構造言語学はブルームフィールド（Bloomfield）らを中心とする言語学者

によって提唱された学問体系であり，文法構造などの観察可能な言語情報を分析対象とした。文法構造として，例えば英語のようなS+V+O構造と日本語のようなS+O+V構造を対比し議論する。この理論は「母語と似ている言語は習得しやすく，異なるものは習得しづらい」という**対照分析仮説**（CAH: Contrastive Analysis Hypothesis）の根拠となる[23]。一方，**行動主義心理学**はハーバード大学のB.F. スキナー[24]によってパブロフ，ブラウンらの築いた学説をもとに花ひらいた。行動主義心理学の理論は，（1）人間の学習は動物が芸を覚えるのと変わるところはなく，刺激に対する正しい反応のさせ方を学ばせること，(2) 複雑にみえる目標行動も細かなステップに分割し，そのステップをひとつひとつに丁寧に習熟させ（条件付けられた反応），最終的に統合することにより習得することが出来る，という2点にまとめることができる。この原理は英語教育だけでなく，自動車教習所の教習やテニススクールでのトレーニング，ひいては学習塾におけるプリント学習など現在でも幅広い分野で活用されている。

　原理が明快でテクニック豊富なオーラル・アプローチ。学習者中心といいながら一向にクラスサイズが小さくならない日本のような学習環境で，これほど教師中心に音声中心のコミュニケーション志向の授業に活用できる教授法はないとも言える。以下，具体的な手順を考えてみよう。

6.2　オーラル・アプローチのメカニズム

　言語は書き言葉と話し言葉に分けることができる。もちろんどちらも重要であるが，どちらがより第一義的であるかというならもちろん話し言葉に軍配があがる。オーラル・アプローチでは極力文字を見せないで教師の音声を

23　発音においても例えば「mouth-mouse」など母語にない音素は困難を感じると予測できる。

24　"Education is what survives when what has been learned has been forgotten." （教育とは学んだことを全て忘れたあとに残るものである）という名言を残した。含蓄の深い言葉である。

頼りに英語を繰り返す。ただテキストを全く見せないわけではなく音声練習が終わった後に提示する。この「文字を見ないで，口頭だけで復唱すること」の意義は少なくない。**コロンブスの卵**的な発想であるが，文字から離れて音声のみを頼りにリピート練習してみると，教科書を見ながら音読をする場合とは格段の難しさがある。オーラル・アプローチの全体的な授業の流れは以下の図 6-1 のプロセスにまとめられる。以下，5 点に分けて考えてみよう。

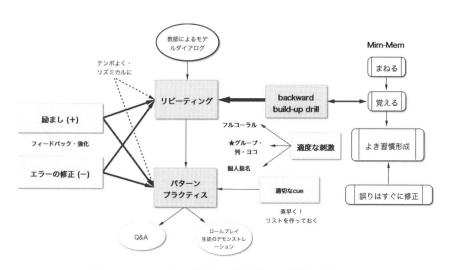

図 6-1　オーラル・アプローチを使った授業のプロセス

（1）オーラル・アプローチの最大の特徴は「音声中心」。音読だけでは時間が余るとぼやく先生がいるが，それは教科書を見ながら読むからであり，すぐに終わってしまうのは当然である。チャレンジングで刺激的な内容にするには，生徒が頼るべき情報を減らしてみることである。音声を頼りにモデルをまねする（**mimicry**）・記憶する（**memorization**，合わせてよく **mim-mem** と言われる）。これらは単語を書いて覚える作業とは異なり生徒にとっては挑戦してみたい内容であり，文法訳読方式のみならずどのようなタイプの授業にも短時間でも取り入れることが可能なテクニックである。教師が自分自身の英語の発音に自信がない場合には，CD や ICT を利用してもよいが，

ポーズの取り方などを組み入れると機械の操作が煩雑になるため，なるべく教師の生の声を利用する方がよい。

（2）リピートから暗記（Mimicry-Memorization）へ，そして backward build-up drill の活用というパターン。オーラル・アプローチでは教師のモデルを口頭で繰り返す。何度も繰り返す。おぼえるまで繰り返す。ただテキストを見ないで長文のリピートには困難が伴う。そこで登場するのが Backward Build-up Drill である。以下の有名な演説の一部をリピート練習するとしよう。

You have to trust that the dots will somehow connect in your future.

（Steve Jobs, 2005）

先に述べたようにもちろん「教科書を見ないでリピート練習」することを想定する。中学1年生の段階では，文字を見ないで音声だけでこの長さをリピートするのは容易ではなく，たいてい最後の方は誰もついてこない。この backward build-up drill の手法では，名前の通り「後ろから」意味のまとまり（チャンク）毎にリピートする。

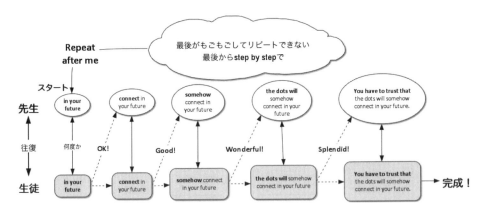

図 6-2　Backward Build-up Drill のプロセス

　実際にはこの途中のプロセスを何度も行ったり来たりすることになる。前からではなく後ろから積み上げていくのを不思議に思うかもしれないが，最初の部分はリピートしようと注意をしているが，後になればなるほどワーキングメモリの容量を超えてしまうので覚えていないからである。難しい部分を先にリピートできるようにしておくと，最初の部分と結びつけて長い文でもオーラルでリピートできるようになる。難しい最後のチャンク（まとまりのある語のかたまり）から始めるというところがミソである。最初は文字なしで読めるチャンクの量は少なくても，練習を重ねると長い文もリピートが可能になる。また，リズミカルに行うことも重要である。この方法を使うと生徒の反応に少しずつ変化があらわれる。行動主義心理学の基本原理である段階を追う，ステップ・バイ・ステップのテクニックの応用である。

　（3）大クラスにおける生徒への刺激のあたえ方。生徒の指名の仕方にもオーラル・アプローチの原理を応用することができる（図 6-3）。適切な指示・質問（刺激，Stimulus）がないと反応（Response）は得られないのである。

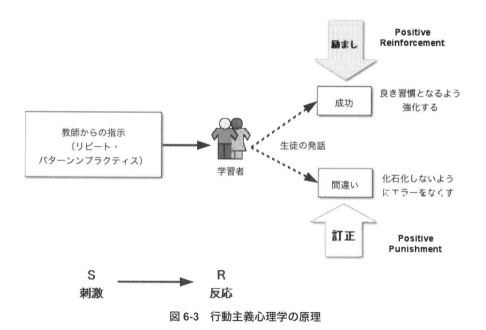

図 6-3　行動主義心理学の原理

　生徒を指名して発言させたり，意見を言わせることは授業の重要な部分である。しかし，その指名の方法がワンパターンになって生徒に刺激にならないことがある。一般的に一度当たるとその時間にもう一度当たることは希ではないだろうか。Oral Approach では以下のような A-C までのパターンを組み合わせながらスピーディーに生徒を指名してゆく。

パターン A.	Everyone	（Choral; Chorus，全体）
パターン B.	Only this group. Only girls. Only boys.	（班や男女別など）
	Only this row. Only this line.	（列毎）
パターン C.	Only you!	（個人）

　特に個人が指名されることは生徒にとっては緊張を強いられることかもしれないが，全体との組み合わせの中では，いつ指名されるか分からないというよい緊張感が学習者の間に走るだろう。

　同時に生徒の発話に対しては何らかのフィードバックを行う。日本人英語教師による授業では，時に過剰なくらい訂正（positive punishment）がなされる。たしかにエラーが悪しき習慣となって定着（化石化, **fossilization**）しないためには重要である。しかし正しい答えに対する励まし（**positive reinforcement**）はあまり行われていないのではないだろうか。日本では「訂正あっても，励ましやほめることが極端に少ない」とよく言われる。これではいくら教師は「失敗を恐れないで英語を使おう」と呼びかけても信じないはずである。生徒の発話に対してはいつも（いいときも・そうでない時も）何らかのフィードバックがあるべきである。そのためにも多様なフィードバックのレパートリーを持って生徒の motivation を高めるような励ましをしてみたい（資料 -12）。

　（4）スピーディーな授業展開と文法構造の自動化。テンポよいスピーディな授業展開もこの教授法の重要な特徴である。リピート練習やパターンプラクティスにおいては条件反射のように生徒は素早く反応することが求められる。英語を話す場面においては，考える暇がなく，瞬時に反応しなければな

らない場面が多い。この「刺激→反応」＝「**S → R**」というサイクルを何度も繰り返すことにより，条件付けられた行動が形成され，瞬時に反応できる運動神経ならぬ「言語神経」のようなものが形成される。

（5）パターンプラクティス [25]。最後に紹介するのがパターンプラクティスであり，現在でも最も有用性の高いテクニックである。ドリル形式の機械的な練習で通常，図 6-4 のような形で授業で利用される。これは文法形式としては複数形をターゲットとしたものである。

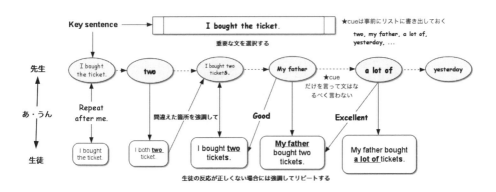

図 6-4　パターンプラクティスの方法

　詳しい説明をせず「あ・うん」の呼吸で教師と生徒がやりとりをする。考える時間を与えず自動化されるまで繰り返す。書くのと異なり，時間もかからず motivation さえあれば誰にも取り組むことができる。

　自然なインプットやアウトプットの機会が極端に少ない日本のような EFL 学習環境ではこのパターンプラクティスは捨てがたい。効果的に利用しようとすれば，以下の 3 条件を守る必要がある。

　①　コミュニケーションの場面を想定し，実際に使うような文になるよう例文も cue も選択する（意味のない文の練習は学習者の意欲を失わせ

25　資料 -11 に展開があるので練習してみよう。

る。また人名についても生徒が知っている外国や馴染みやすい日本人
名にする）

② 練習の時間を短時間（10分程度）に区切る（長時間すると教師も学
習者も飽きてしまう）

③ テンポよく行うこと（あらかじめ cue を書き出しておく）

逆説的であるが，パターンプラクティスは機械的な作業であるため，誰に
でも利用できる好テクニックでもある。英語のみで授業を行う場合には特に
有効なテクニックとなる。第5章で述べた言語の働きの提示・練習にも適
した練習方法である。

6.3　オーラル・アプローチへの批判を乗り越えて

　オーラル・アプローチに対する風当たりは強い。理論的基盤の一つ，行動
主義心理学の主張者 Skinner が Noam Chomsky に痛烈に批判されるに至り，
この教授法まで不適切という印象を持たれてしまっている。教授法に関する
専門書でもすでに価値を失った過去の教授法といった扱いだ。確かに「人間
は，**blank slate** ＝白紙の状態で生まれてくるのではなく，どの言語にも対
応できる Universal Grammar（UG, 言語習得装置）を持って生まれてくる」
という Chomsky の主張には説得力がある [26]。ヒトは動物とは決定的に異な
り，もともと言語を学ぶ能力を持っているため，模倣 - 暗記は無用だとされ
た。しかし，冷静に考えるなら，英語学習から模倣や暗記する部分を完全に
除外することは不可能であろう。Chomsky は母語の習得について理論を展
開し Skinner を批判しただけであって，本人も明言しているように外国語学
習に関わって批判したわけではない。この教授法の不運は外国語教育のため
の教授法として開発されたのにもかかわらず，Chomsky の母語言語取得へ

26　この UG がいつまで有効に働くかという点は，英語教育を何歳までに始めな
　　ければならないかという早期英語教育とも密接に関わる重要な問題（臨界期説，
　　近年は敏感期という言葉が使われる事が多い）であるが，未だ持って結論には
　　至っていない。

の批判とすり替えられてしまったところにある。

　また，第二言語習得研究（SLA）の重要な仮説としてインプット仮説（Krashen, 1982）があるが，Krashen の主張に従えば，意識的な学習をすることは有害であり言語を学ぶ（learning）ことが実際に言語を習得して使うこと（acquisition）につながらない（学習と習得が繋がらないのでノン・インターフェース仮説といわれる）ことになる。この立場をとればオーラル・アプローチは全くそのレゾンデートル（存在意義）を失うことになるが，SLA 研究の知見として，練習の方法を工夫すれば意識的な学習が徐々に自動化されるとするインターフェースの立場を主張する研究者も多い。特に，Krashen の主張するインプットの洪水に触れることによって外国語の習得がなされるのは，母語又は目標言語に自然に触れることのできる ESL のような環境でのみではないだろうか。インプットの重要性は誰もが認めるところであるが「英語を聞いているだけで，ある日突然 ...」ということは科学的にもまだ実証されていない。意識的な練習なしに外国語の学習を成功に導くことには懐疑的にならざるをえない。

　ただし，オーラル・アプローチに対する批判には真摯に耳を傾けるべき点がある。この教授法の具体的なテクニックについての主要な批判は次の 2 点である。

(1)　文章を暗記して意味があるのか（実用的でない：暗記した文を使う可能性が低い。文法訳読法において英文を訳しても同じ文章にであう機会がほぼないのと同様）

(2)　パターンプラクティスは機械的すぎるのではないか（つまらない），実際に使わない文の練習を行っている（(1) と同じ批判）。

　確かに文章を模倣し暗記することについては慎重に考える必要がある。実際の会話の中で全く同じ文を言ったり聞いたりするのは，有用なセットフレーズ（例えば，「御願いがあるのですが」Can I ask you a favor?”）を除けば確率は低い。また意味も分からずやみくもに覚えることにどれだけの学習者が motivation を維持することができるか，確かに疑問である。

　しかしながら，だからといってこの Oral Approach を全否定することは日

本の英語教育にとって悲劇である。理論は振り子の端から端に触れるように，ある瑕疵を見つけて全てを否定する傾向にある。そうなると，慣用句にもあるように「お風呂のお湯と一緒に大切な赤子を見失ってしまう」ようなものである。教え方・学び方にひと工夫もふた工夫もくわえなければならない EFL 環境にあるからこそ，問題点を認識しながらも，この教授法が 21 世紀の英語教育に見合った方法になるよう発展的に活用することが求められているのである。

　具体的にはどう考えるべきであろう。暗記の問題については，全く同じ文に遭遇することはなくてもその中に含まれる言語の機能を活用するチャンスは多い。全ての文を暗記することが批判されているだけであって暗記自体が問題であるわけではない。重要なのは選択と集中である。ひとつの Lesson（Unit）の中で，いくつかの重要な文（すなわち重要な機能を含んだ文）を教師がセレクトして覚えさせれば，実用的価値が高まる。成功した多くの学習者が経験しているように，重要な文を暗記することはスピーキングやライティングなどいろいろな場面で有効である。また音声だけを頼りに何度も繰り返し練習することにより，実際のオーラル・コミュニケーションの場面のシミュレーションになる（文字から離れることは重要である）。

　またパターンプラクティスに対する無意味な機械的練習という批判に対しては，機械的練習によって文法が自動化される可能性を指摘したい。"**Practice makes perfect**" は「習うより慣れろ」と日本語訳されるが，練習しなければ上手くならない[27]。この機械的練習こそ日本人英語学習者が最も得意とする部分であり，この置き換え練習を通して，文法に慣れ，明示的に習った（learning）知識＝宣言的知識（declarative knowledge）を徐々に，手続き的知識（procedural knowledge）に変換するのである。いわゆる体でおぼえてゆくという作業である。これはオーラルで練習すれば時間もかからず，機械的練習だけに誰でも参加が可能である。ただ，無意味な文に変形さ

27　ハーバード大学出身のパックンことパトリック・ハーランも著書「ツカむ！話術」（角川書店）の中で同様のことを述べている。

せるのではなく，実際のコミュニケーションで使う意味のある文になるよう，教師の cue の出し方に工夫を凝らせばよいだけのことである。

どの教え方についても当てはまることではあるが，100% その教授法を使って授業をすることは現実的でも効果的でもない。なぜなら学習環境，学習段階，学習者の特徴によって効果的な教授法が異なるのが自然だからである。教授法への批判は 100% その方法を使った場合への批判であって，その中に含まれる珠玉のテクニックまでが一緒に葬られてはならないと思う。

Oral Approach は EFL 環境下の英語の授業で活用することのできるテクニックの宝庫であり，授業を構想（デザイン）する際に欠かすことのできないものばかりである。CLT や TBL と組み合わせながら，Oral Approach の宝物を活用することが可能である。CLT をベースとした授業においても，ファンクションについてパターンプラクティスやリピートのテクニックを使って十分習熟させておいてからそのタスクに取り組ませたり，毎授業の 5 分から 10 分程度時間を割いて機械的な練習をしてもいいだろう。案外，学習者はワンパターンの練習が好きなものである。

その意味では Oral Approach は単体で使う可能性は低くとも，他の教授法と組み合わせることによって，再度その輝きを取り戻すことが可能となるのかもしれない。創造的なオーラル・アプローチの活用が求められる。

演習・Discussion Point
- 意味あるパターンプラクティスになるよう，cue の出し方の練習をペアでしてみよう。
- Backward Build-up Drill を中学や高校のテキストを使って練習してみよう。

Oral Approach についての余白
欧米の理論書が「すでに終わった」ように記載するこのオーラル・アプローチですが，日本ではこれから新たな視点のもとに再評価できそうに思います。どうでしょう？実際，10 年後，オーラル・アプローチはどのような評価を受けているでしょう。音声中心主義，パターンプラクティス，生徒の指名方法，Backward Build-up drill など至宝の山のように思うのですが。

Further Reading

Brown, H. D.（2007）. *Teaching by principles: An interactive approach to language pedagogy*（3rd ed.）. White Plains: Longman.
　英語教授法の紹介だけでなく，4 スキルにその教授法をどのように応用するか，実際の教える情景を目に浮かべて書かれている理論書はそれほど多くない。特に学習者の特徴を踏まえた教え方ができるよう，学習者に配慮がしてある点も参考になる。
磯田貴道（2010）.『教科書の文章を活用する英語指導：授業を活性化する技 108』成美堂
　オーラル・アプローチのテクニックばかりではないが，身近な教科書を使いながらより興味深く負荷をかけるアクティビティーをいかにつくるか，多くの実例を提示している。実際の授業でそのまま使えるものばかりで参考になる。

次章の予告：日本に根強く残る Grammar Translation Method の光と影について考えます。

コラム：パタン展開が大切

　　オーラル・アプローチの全盛期は 1960 年代，日本においても「廊下を歩くと教室からパタンパタンと音がする」と言われるくらい普及したと言われている。何事も極端に走るのが理論の常であるが，オーラル・アプローチ批判が高まると一気にその熱は冷めたようだ。しかし先進国では最大級のクラスサイズの日本でコミュニケーション志向の授業を展開するのはそれほど容易ではない。教師中心にならざるを得ない多くの日本の教室ではパタンパタンと音がするほどでなくてもパターンプラクティスや音読の Backward build-up drill などを取り入れることによって授業はより高度になり，質もより高まるだろう。成否は本文でも述べたとおり，いかに意味あるパターンプラクティスが展開できるかに，教師の cue の出し方にかかっている。いまこそオーラル・アプローチである。

第 7 章　Grammar Translation Method とは？

重要な問い 1：文法訳読法の長所は何か。
重要な問い 2：現代の授業で文法訳読法の果たす役割は。

**Keyword:　①統合型授業　② deductive/inductive approach
③母語使用**

コミュニケーション志向の英語教授法が唱えられる中，いまだに日本国内から文法と訳読を中心とする教授法が途絶えることはない。この章ではこの教授法の本質とともにコミュニケーション能力を育成するために文法訳読法をどのように活用することができるか考える。

7.1　文法訳読法（Grammar Translation Method）[28] の概略

Grammar Translation Method（以下 GTM）は，外国語学習において最も古くから存在する教授法であり，ヨーロッパで古典語（**ギリシャ語やラテン語**）を指導する際に中世から用いられている方法に端を発している。特定の理論に裏付けられたものではなく，半ば自然発生的に，そして伝統的に使用

28　Grammar-Translation Method（GTM）は日本では一般的に「文法訳読式教授法」という名で定着している。しかし，西洋の GTM と日本で行われている「文法訳読法」は厳密には少し性質の違ったものであることも指摘されている（平賀，2005）。ここでは，日本で現在も使用されている，文法規則に注目してある程度の長さの意味のある文を訳して読み解くという教授法を「文法訳読法」として紹介する。

されている方法である。日本でも進んだ文明・文化を取り入れる目的で，外国からの書物を翻訳するという作業は昔から行われており，外国語を教える場面でもその方法を応用した「文法訳読法」が長らく使用されてきた。実際に，現在の日本においても文法訳読法を取り入れている英語の授業は存在する。比較的人数の多いクラスでも授業が進めやすく，また，入学試験（特に大学入試の 2 次試験）で和訳が求められることから，高校での読解の指導がこの教授法で進むことも珍しくない。

　この教授法は現在もまだまだ現場に根付いているが，日本の英語教育現場では，長年英語を学習していても英語でコミュニケーションがとれない実態が問題となり，より実践的なコミュニケーション能力を育成することに注目が集まった。1989 年（平成元年）告示の学習指導要領では「実践的コミュニケーション能力」の育成を目標に掲げ，それと共に読んで訳す活動が中心となる文法を重視した英語の授業方法に対する批判が高まった。授業内容も文法中心の授業からより実践的な場面に近い設定での会話練習などに時間を多く割くようになった。しかしながら，2000 年に入ってからもコミュニケーション能力育成の成果が思ったほど現れず，また反対に文法力の低下が指摘される結果となった。現在の学習指導要領（平成 20 年，2008 年告示）では，「文法については，コミュニケーションを支えるものであることを踏まえ，言語活動と効果的に関連付けて指導すること」とし，文法を話す・聞く活動と読む・書く活動に組み込んで総合的に指導する統合型授業を目指すことが目標となっている。しかしながら，2013 年 12 月に発表された「英語教育改革実施計画」では，東京五輪が開催される 2020 年を目途に中学校の英語の授業も原則として英語で行うという方針が示され，この動きの中で文法指導をいかに効果的に行うかが課題となるだろう。

7.2　文法訳読法のメカニズム

a. 目標

　この教授法の主な目的は，学んだ文法知識を土台に書き言葉としての対象

言語（Target Language）を読み解くことである。文の内容を理解するためには対象言語の文法知識が必要であり，そのために文法事項の解説が重視される。文法の解説や文の意味確認は学習者の母語で行われ，授業内では**母語使用が中心**となる。日本で行われている文法訳読法の一般的な手順は図 7-1 のとおりである。

授業前
生徒：授業で扱う範囲の予習（語彙，和訳など）

授業中
教員：文法規則の解説
　　　　語彙，イディオムなどの確認
　　　　↓
生徒：指名された生徒が対象となる箇所を読み上げる
　　　　読み上げた部分を訳す
　　　　↓
教員：生徒の訳に付け加えやアドバイスをし，
　　　　必要であれば教員からモデルとなる訳を伝える
　　　　↓
　　　　内容理解に関する質問をする

図 7-1　文法訳読法を使った一般的な授業のプロセス

　まず，生徒たちは文法訳読法の授業前には，訳す範囲の本文に出現する語彙の意味調べを行なったり，本文を書き写して自分なりに和訳をするなど授業外の事前準備を求められることが多い。授業では，最初に学習ポイントとなる文法事項の説明を行い，新出語句の確認も行う。扱われた文法事項については，集中的に文の書き換えなどを通して文法事項の習得に努める。次に，訳すべき箇所を確認する。この時，誰かを指名して音読させる場合もある。その後，指名された者は解説された文法規則を頼りに一文一文を訳していく。時には意訳を求められる場合もあるが，大抵は丁寧に逐語訳をして文の意味を理解することに重点がおかれる。教員は，生徒の訳を聞きながらアドバイスをしたり，また最後にもう一度まとめとして訳を繰り返したりする。訳し

終わった後には，内容に関する質問などで英文の理解度を確認することも多い。

　この教授法では，最初に文法規則を示すという**演繹的（deductive）**な方法がとられる。演繹とは「与えられた命題から，論理的形式に頼って推論を重ね，結論を導き出すこと」と辞書では説明されている。英語教育の現場においては，まず（文法などの）規則を示し，その規則を知った上で英文を読み，その文の意味は○○である，という意味を導き出す思考の流れである。一方，**帰納的（inductive）**な方法によって文法の授業を行うことも可能である。帰納とは「個々の具体例から一般に通用するような原理や法則を導き出すこと」である。文法を帰納的に指導する場合，最初にたくさんの例文を提示し，生徒たちはその中にある共通点や一定のルールを自ら見い出し，最後に文法規則にたどり着くこととなる。

b. 利点

　話す力や聞く力を重視した社会の流れの中では，批判の的になることも多い文法訳読法であるが，この教授法によってこそ育まれる能力，可能となる学習環境もある。

　まず第一に，**文法規則を体系的に指導**することが可能となる。取り扱う文法事項も，易しいもの（例えば be 動詞）から複雑なもの（例えば現在完了）へと順に扱うなど，文法の関連性を示しながら提示することができる。このような授業計画は，文法項目や文型を指導項目として順に並べた構造シラバス（structural syllabus）とよばれるもので，基本的な文法事項を効率よく教えることができると考えられている。

　第二に，**語彙力の強化**が挙げられる。文章を読み解くうえで語彙の確認は必須であり，また闇雲に単語を暗記するよりも，文脈の中で意味を理解することが大切である。そういう点で，文法訳読法では文章の中で語彙確認をしやすく，文章の種類によっては様々な分野の語彙に触れることができる。たとえば，話し言葉では場面によって使用される固定した言い回しや語彙使用に限定されるが，文章中から学ぶ語彙は自然科学，政治など扱うトピックに

よってバリエーションがあり，会話で使用するよりも難しい語彙を扱うことが可能である。語彙レベルを上げることは，リーディング以外の活動にも大きく寄与することから，この教授法の産物と言えるだろう。

　第三に，**知的訓練としての学び**の可能性が挙げられる。先ほども述べたように，会話で扱うよりも高度な内容を扱うことが可能となるので，この教授法を通して，特に上級の学習者でも知的欲求を満たすことができる。また，文法構造などを理解しようとすることから発展し，言語構造に興味を持つきっかけになることも考えられる。さらに，母語と違った外国語を読み解くという地道な努力を必要とすることから，訳読という作業そのものが知的な訓練となり，その後の勉学への取り組みに影響を与えることも指摘されている。学習者にとっては授業時間外学習が進めやすく，自習の習慣が身に付きやすいと言える。

　第四に，学習者にとっての学習への取り組み易さが挙げられる。授業外での準備として本文を書き写し，新出単語を調べ，予め訳を書くなど，予習が容易である。また，これらの準備は誰にでも取り組むことができ，ノート作成もしやすい。大量の本文を書き写したり，自分のノートを作成することで，「勉強している！」という実感も湧きやすく，学習動機を高めることができる。

　次に，母語使用がもたらす学習へのプラスの影響が挙げられる。この教授法での母語使用の多さはマイナス点として指摘されることも多いが，学習者にとって快適な母語を使用して外国語学習を行うことは，彼らの情意フィルター（affective filter：言語学習における心理的な障壁）を低くし，よりスムーズな学習へとつなげることができる。授業中に目標言語のみを使用することを求められ，また目標言語を多用して説明を多く受けることで，特に初級の学習者は尻込みをしてしまうかもしれない。学習者の心理面を考慮すると，母語使用は必ずしも悪いことではないことを覚えておこう。

　最後に，クラスマネージメントに関しては，**多人数に対する授業が可能**となる。会話の授業などでは，出来る限り小さいクラスサイズが理想とされるが，実際に少人数のクラスをいくつも作るにはそれなりの環境が必要である。十分な教員や教室の確保ができなければ，少人数クラスの実現は難しい。文

法訳読法では，講義形式の授業が教師主導で進められるため，クラスの人数が多い場合も比較的授業がしやすい。

c. 批判されている点

　文法訳読法でもっとも非難の的となるところは，やはり，実践的なコミュニケーションで注目される話す力や聞く力の向上が難しいことが挙げられる。しかしながら，それ以外にもいくつかこの教授法の短所として指摘される点もあり，主な批判をここで紹介することとする。

　まず第一に，最も指摘される点ではあるが，実践的なコミュニケーションに必要な話す力と聞く力の軽視が挙げられる。元来，読み解くことに特化した教授法であるので，話す，聞くといった訓練が含まれていないのは，ある意味仕方のないことかもしれない。しかしながら，コミュニケーション能力を重視する潮流の中にあっては，話す力や聞く力の向上を考慮しない教授法への風当たりは強いと言える。

　第二に，過重な母語使用が挙げられる。この教授法では基本的に授業は学習者の母語で進められ，対象言語を母語へ翻訳するという流れが一般的である。教室内で対象言語が聞こえるのは，訳す部分を確認するために読み上げられる，あるいは CD やデジタル教科書などで音声が流される場合のみである。それすら行われない場合は，授業時間内にほとんど対象言語が聞こえないことも起こりうる。文法訳読法では，音声と言語を結びつけることができず，意味は理解できたとしても声に出して読めない学習者を生み出すことになる。母語使用にはプラスの効果もあるが，対象言語に触れるという点では，批判される要素となる。

　第三に，文法規則を重視しすぎることから起こる弊害が挙げられる。具体的には，文法規則を暗記することが学習のゴールになる，あるいは訳す作業に没頭し，訳すこと＝理解することと感じてしまう，などである。基本的には，取り扱うすべてのテキスト（text）を母語に置き換える作業が中心となり，授業時間内にかなりの分量を訳すことになる。もちろん，文レベルで訳して意味を理解することは大切であるが，読み物の概略をとらえたり，書き手の

意図を推測したり，といった**発展的な読み方（interactive reading）** につながりにくい。膨大な量の文章を訳し終わったら，その作業自体に満足し，学習が終了してしまうのである。

　最後に，クラスマネージメントに関する問題としては，個々の学習者への目が行き届きにくい，ということが挙げられる。文法訳読法の授業は，しばしば多人数を対象に行われるため，学習に遅れを取る生徒の発見が難しくなる。また，他の教授法で行われる授業に比べて，ある程度の授業外準備が必要となるため，授業に意欲的でない生徒，また学力の低い生徒にとってはつ

表 7-1. 3 つの教授法の比較

	GTM	Oral Approach	CLT
授業内の使用言語	母語中心	対象言語中心	（タスクの際には）対象言語中心
中心となるスキル	Reading, Writing	Listening & Speaking	Speaking & Listening
主導	教師	教師	生徒
背景にある理論	言語構造中心	構造主義言語学，行動主義心理学	機能言語学社会言語学
シラバスの特徴	言語構造中心	言語構造中心	機能／概念中心
利点	・文法規則の体系的な指導が可能 ・語彙力の強化 ・高度な内容の扱い ・知的訓練 ・大人数での授業	・重要な文構造やパターンの定着（口頭練習） ・対象言語の豊富なインプット（リスニング）	・バランスのとれたコミュニケーション能力発達 ・場面に応じた表現の定着 ・正確さより流暢さ
問題点	・実践的なコミュニケーション能力（話す，聞く）が身につかない ・文法規則の暗記，訳すことが目的となる	・機械的な繰り返しが多い ・自発的な発話の練習が少ない	・文法知識の体系的な指導が難しい ・コミュニケーション能力に対する評価が難しい

いていくことが難しくなり，教員もその状況が把握しにくい。

d. 評価方法

　文法訳読法で授業を行った場合，その指導効果を測るにはどのような評価が可能であろうか。読んで訳すことが指導の中心となるので，対象言語で書かれたある程度の長さの文について，その意味を母語に訳して書かせるという方法が最も一般的である。またその逆に，母語で書かれた文について学んだ文法を使いながら対象言語に訳すという方法もある。

　筆記試験を課すことで評価を行うことができ，一度に多人数の試験が可能である一方，採点基準の設定が難しい。文を翻訳した場合，様々な回答が出現するため，細かな採点基準を設ける必要がある。複数の採点者がいる場合は，特にルーブリック[29]を設定し，すり合せをするなどして公平な採点を心掛けなければならない。

▌7.3　文法訳読法の可能性

a. 文法訳読法はなぜなくならないのか

　実践的なコミュニケーション能力の育成が叫ばれて以来，批判の的となった文法訳読法であるが，現在の日本の英語教育現場においても根強くこの教授法が残っているのはなぜだろうか。

　ひとつには，大学入試の形式によるところが大きい。文脈から独立した単体の文レベルで文法知識を問うような問題も多く，また2次試験などでは一定の分量の英文和訳が求められる。昨今の入試は，よりコミュニケーションの場面を意識した内容，またリスニングを増やすなど英語の音声に関する問題も増加傾向にはあるが，従来型の文法知識を問う問題や英文和訳問題も存在する。日本の英語教育に大きく影響を与える要素が大学入試であり，入試が変わらなければ現場の指導方針は変わらないということがしばしば指摘

29　第4章を参照のこと。

される。現場の教員は，入試問題に生徒たちが対応できるよう，文法訳読法で英文解釈の指導を続けることになる。

　次に，文法訳読法が使いやすい指導法であることが挙げられる。教師主導で，比較的人数の多いクラスであっても指導が可能である。また，教員の多くがこの指導法で英語を学んできているため，同じ指導法を用いて指導することが教員にとってもイメージしやすく，実施しやすいと言える。

b. 文法訳読法の発展的な活用について

　批判されながらも無くならない文法訳読法であるが，今後は実践的なコミュニケーション能力の育成を主体とする授業の流れの中で，様々な英語のスキルを伸ばす指導法と共存できる文法指導が求められるだろう。以下，文法訳読法を発展的に活用する方法として提案する。

　まず，文法訳読法では全文を訳していくのが通常だが，そうなると訳すことに随分時間がかかる。これを全訳ではなく，その日のターゲットとなる文法事項を含む文のみ，またはパラグラフの主題文となるものだけ意味を確認する，というように部分的に訳すことでポイントを絞って効率よく授業を進めることができる。また，訳すことは J. Cummins（1979）の示す **CALP**（=**cognitive academic language proficiency**「認知・学習言語能力」）の発達を促すためにも必要である。CALP に関連する抽象的な概念を母語を介さずに理解することは難しく，母語の使用により理解を助ける方法は有効と考えられる。

　次に，文法規則の示し方の工夫が挙げられる。通常，文法訳読法では，先にも述べたようにまず規則を示す，という演繹的（deductive）な方法をとる。しかしながら，文法指導を帰納的（inductive）な方法で行うことも可能である。例えば，be going to を含む未来の予定をあらわす文をたくさん生徒に聞かせる。何度か同じパターンの文を聞いているうちに，生徒たちは文脈から自然とそれは過去のことではなく未来のことを述べており，未来のことについて話す時には，～ going to というフレーズがいつも使われていると気づく。もしかして，この～ going to とは，これから起こりうる未来についての表

現なのだろうかと思い，試しに使ってみるとどうも予想通りである。このような過程は，最初に規則を教えられるのではなく，自ら手探りで発見し，仮説を立て，使ってみるという帰納的なアプローチであり，学習者の自発的な姿勢や取り組みが求められる。また，苦労して取り組んだことは，単に与えられたものよりも印象に残ることが多く，そういった文法規則はおそらく記憶にとどまるだろう。

　その他に，全訳を先に配布し，学習者が各自で意味を確認する方法もある。従来の文法訳読法では，基本的には授業外で各自が一度訳を確認し，授業中にまた文章の最初から丁寧に一文一文を訳してゆく。これに対し，敢えて最初から全訳を配布することで，確認する必要のない箇所の確認は授業中に省略でき，また，質問のある箇所のみにしぼって解説することも可能となる。授業中に翻訳に使う時間が節約でき，また，効率よく解説することができる。しかしながら，この方法は学習者の自学自習能力によるところが大きいので，課題として出す場合は，その分量や難易度も考慮しなければならないだろう。

　最後に，文法項目のハンドアウトなどを利用し，口頭練習に発展させることも可能である。文法項目を学習する際には，しばしば補助プリント（ハンドアウト）を使用して基本文をベースに文の書き換えを行うが，これを口頭で行うドリル練習の材料として使用する。Oral Approach では，通常，教員が主導でパターンプラクティスを行うが，ハンドアウトを使って生徒にリーダーを任せてグループ単位で行うこともできる。

　従来の文法訳読法の要素を様々なスキルと組み合わせ，また，教員からの一方的な教授ではなく，学習者からもアプローチのできる状況を生み出すことで，アクティブな文法指導が実現することだろう。

演習・Discussion Point
- 全文和訳をせずに，一定分量のリーディングの内容理解を促す授業方法を考えてみよう。
- 文法規則を帰納的に示すには，どんな方法があるだろうか。

文法訳読法についての余白

　10 年後，文法訳読法の要素はどのように授業に取り入れられていると思いますか。読んで訳すという方式は，依然として行われているのでしょうか。文法を教える比重は，授業の中で何割程度が望ましいと思いますか。

Further Reading

Nassaji, H., & Fotos, S.（2011）. *Teaching grammar in second language classrooms: Integrating form-focused instruction in communicative context.* New York: Taylor & Francis.
　　インプット重視の文法指導からインタラクションやアウトプット重視の文法指導について解説されている。文法指導に対しての様々なアプローチが整理されており，ESL や EFL での文法指導にも言及している。
萩野俊哉（2008）.『英文法指導 Q&A：こんなふうに教えてみよう』大修館書店
　　文法指導に関わる上で，教え方や知識など多くのヒントが得られる。文法項目ごとの解説や，生徒の苦手なポイント，教えることが難しいポイントなどにも言及している。

次章の予告：授業をどう構成するかについて考えます。

コラム：日本語にはない「複数形」

　　英語では，一般的に単語の最後に –s または –es をつけてその名詞が複数であること表す。日本語でも「複数」を表す場合は，「子供」→「子供たち」のような使い方をするものもあるが，three apples は「3 個のリンゴ」となり，「3 個のリンゴたち」とはならない。「3 着の服」「2 匹のカエル」のような言い方と同じ感覚で，多くの場合，日本語母語話者は英語の複数形にはあまり注意を払わない傾向があり，例えば three apple と読みあげても特に違和感がない。私たちが普段複数形を意識しないことばの一つに「靴」の「シューズ」がある。「シューズ」は英語の shoe の複数形 shoes であるが，「シューズ」という呼び方で日本語に定着しているため，その語が複数形であることを忘れがちである。洋菓子のシュークリームが食べたい，と英語で言う時，"I'd like to eat シュークリーム（shoe cream）" と言ってしまっても，まさか「靴クリームが食べたい」という意味になっているとは気つかないだろう。

第 8 章　授業をどう構成するか?

重要な問い 1：学習指導案とはなにか。
重要な問い 2：授業をどう構成するか。

Keyword:　①到達目標　②小道具　③ 4 スキルのバランス

　新年度 1 時間目の授業を**授業開き**という。授業開きは教師にとり最も緊張
と期待が交錯する時間となろう。これからの 1 年間の「授業の方向性」を
生徒に示すための到達目標を定め，何のために毎日の努力を継続するのかを
明らかにする機会となるからである。1 年後，学習を終えた時に生徒にどの
ようになってほしいのか，その想いを伝える。さらに，到達目標を 1 年間
だけでなく中学 3 年間，高校 3 年間でどのような成長を生徒に期待してい
るのかを語る。小学校から中学校，高校での英語学習が，自分の将来の可能
性をどのように拡げてくれるのか，長期的計画へイメージを膨らませる。コ
ミュニケーション能力の「素地を養う」小学校，コミュニケーション能力の「基
礎を養う」中学校，そして，コミュニケーション能力そのものを養う高校で
の英語能力到達目標をもつことで，小中高における連携を具体的にイメージ
することができるだろう。

8.1　授業のはじめかた

　目標を定め，日々の授業をどのように行うべきなのかを計画するために，
1 年間の動きを考えてみよう（図 8-1）。

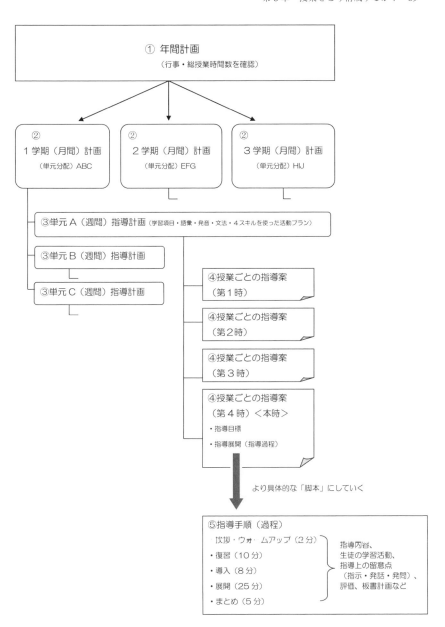

図 8-1　授業計画の枠組み

（1）まず，年間行事予定（学校・学年）を踏まえ授業時間を数える。

（2）教科書全体を眺め，各単元で扱う学習項目を把握し，学期ごと・月ごとに単元を割り振る。

（3）各単元の学習ポイントを踏まえ，語彙，発音，文法についての学習および 4 つのスキル（聞く，読む，話す，書く）を用いた活動をバランスよく単元ごと・週ごとに計画する。

（4）さらに，50 分の授業において，どのように始め（**ウォームアップ**，復習），展開し（**導入，展開**），終える（まとめ）か，その手順・過程をまとめる。

（5）指導内容，生徒の学習活動，教師の活動・発話・発問，評価や板書計画などを具体的に書き添えたものが指導案である。

　毎回の授業に関わるのは（3）～（5）であり，日々の授業では④⑤を熟考して授業計画を作成する。

▍8.2　学習指導案（Lesson / Teaching plan）とは

　授業は建築と同じく**デザイン**という感覚を持つべきであり，この部分でApproach，Method，Technique を意識しながら授業のあり方を構成・計画することが重要である。**学習指導案**は限られた授業時間の中で，学習目標達成を目指し，教科書を用いて複数の生徒を指導するために必要な計画案である。目の前の生徒を対象に授業が進められるので，生徒の反応により，よい意味でも悪い意味でもしばしば指導案通りに行かないこともある。また，仮に指導案通りに授業を進めることができたとしても，必ずしも生徒の理解が学習目標に適ったものであるということにはならない。では，なぜ指導案を書くのか。それは授業を行う上での考え，ヒント，手順，注意事項などを明確にして記述し，流れを確認することで授業に対するイメージをつかむためである。学習指導案作成において，観察で得られた生徒の様子を踏まえ，自らの学習経験，教材研究，知識・教養などをフルに活用し，アイデアを形にしていくプロセスがあってこそ，授業の予想外の進行に対して適切な判断をする余裕にもつながる。また，授業後は実際の授業展開を指導案に照らし合

わせて振り返ることで，結果としてよかった点や問題点，改善点が明らかに
なり，今後の授業へと発展的に利用することができる。失敗にこそ学ぶべき
課題が隠されている[30]。

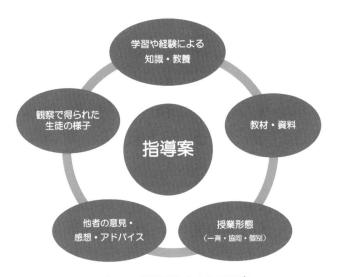

図 8-2　指導案に含まれる要素

8.3　授業に必要な基本 5 項目をうまく運ぶためのヒント

＜最初の 5 分＞

　休憩時間を挟み，次の授業が始まる。生徒にとっても教師にとっても前の
授業からの流れを断ち切り「英語の授業が始まる！」というわくわくした雰
囲気作りをチャイムが鳴る前から作りたい。教師はチャイムが鳴ってから教
室へ入るのでなく，教室で「生徒が着席する」様子を見ながらチャイムを待
つ余裕があると，生徒の様子やクラス全体の雰囲気を把握しやすく，授業を
うまく進めるためのヒントが溢れていることに気づく。生徒に声をかけやす
いのもこういった時間である。場合によっては前の授業からの興奮や雰囲気

30　資料 1 〜 3 レッスンプランの書き方参照のこと。

をうまく断ち切らなければならない場合もある。挨拶，ウォームアップ，小テスト，帯活動（目的を達成するために学期を通して，その日の授業の内容とは関係なく必ず行う活動）などこの最初の5分の使い方はさまざまである。

＜復習＞

前の授業で学習したことを確認し，新しい学びにつなげることは生徒の理解を促進する。英語に限らずわれわれが話す言語にはルールがあり，中には不規則な形をとるものもあるが，基本をしっかり理解していると応用力が広がっていく。すでにわかっている文法について生徒に説明させたり，グループで理解できていることを確認するチャンスを与えることも良い刺激になる。理解できているつもりでいても人にうまく説明できないことがある。クラスメートに説明し，理解してもらえるように情報を整理する習慣をつけさせよう。また，母語である日本語と英語を比較することで，無意識に話している日本語の複雑な文法ルールに気づき，その結果英語の文法がとても簡単に感じ，理解が深まることもある。

＜新教材の導入＞

新しい学習項目を導入する方法は大きくわけて2通りある。明示的（Explicit）指導と暗示的（Implicit）指導である。文法指導を例に挙げると，明示的文法指導では「今日は『不定詞，to ＋動詞の原形』の名詞的用法を勉強します」と学習テーマを先に生徒に伝え，文の作り方や意味の取り方など文法的説明を行う（演繹的方法：ルールの理解→練習）。一方，非明示的指導では多くの例文を与えることで生徒自身に「to の後には動詞の原形が続く」という文法規則に気づかせる（帰納的方法：練習→ルールに気づく）。暗示的指導においては生徒の考える力を促進し，ペアやグループ活動などの**協働学習**（**collaborative learning** 複数で協力し学習すること）では問題解決するために考えを発表し，意見を比較したり結論づけたりすることにも効果的である。学習テーマの特徴に合わせ，また，生徒の理解度にも配慮しながら双方の長所を上手く取り入れていきたい。

＜４スキルズをバランスよく＞

　指導案を作成するにあたり，授業におけるひとつひとつの活動を通して生徒が学習項目についての理解を深め，得た知識を活用し，さらに応用へとつなげていくことができるように計画したい。その際，「聞く・読む・話す・書く」の４スキルズが学習活動においてバランスよく使われるような工夫がなされるべきである。50 分の授業で４スキルズを使った活動を配置するのが時間的にやや困難だとすれば，週単位での配置を計画してみよう。授業の展開を次に紹介するような手軽な小道具を使って確認することができる。

【情報カード】

　指導案用紙に「最初の５分」「最後の５分」を書き入れ，他の活動案はまずカードに書く。1 枚のカードには授業中に行うタスクをひとつずつ書きこむ。個別のタスクを時系列（授業で行う順）に並べ，生徒の動きを中心に授業の流れを確認する。授業の流れが理にかなっているか，不自然でないか，納得のいくまで順番を入れ替えイメージしよう。パソコンで指導案を作成することが当り前になっているが，カードに書いたタスクの順番の入れ替えが容易にできることは手作業のメリットである。

　活動のアイデアが浮かんだら 1 枚のカード（裏表）にタスク手順を書き，ストックを作っておこう。タスクを行い，生徒の反応（楽しんでやっていた，理解できていなかった…）や改善点（活動時間は５分間，ペアでなく３人グループで行う…）などを書いておくと次回への参考・注意になる。タスクのための引き出しにストックはいくらあってもよい。

【付箋紙】

　付箋紙は大きさ，色など実に豊富にそろう便利品である。カードと同様に指導案上で動かして使ってみよう。例えば，教師からの発話はピンク色，生徒の個人学習は黄色，協働学習は青色として使い，50 分の授業で，ピンク・黄・青の３色がバランスよく交互に並んでいるか確認したい。ピンク色（教師発話）が続けば，生徒の集中力が欠除することが予測できる。黄色が続け

ば生徒の集中力は低下し，青色が続けば生徒同
士の私語が目立ってくることが予見できる。教
師と生徒の発話が授業におけるよいリズムを作
り出せるよう，色付箋を参考にタスクを書いた
カードそのものを指導案上で動かし，適切な位
置に配置しよう。**授業をイメージする**ことが可

13×18cm の情報カード
タスクのストックをたくさん作ろう

能になるだろう。また，色付箋紙をスキル別につけてみよう。指導案上で同
じ色の付箋紙ばかりになっていないか，1回の授業あるいは週4回の授業で
4色の付箋紙がバランスよく配置されているかも一目で確認できる。

【カード×付箋紙】

　タスクを書いたカードには，生徒の反応や改善点などを色付箋紙に書き，
貼っておこう。うまく使うことができたタスクはさらに別の活用方法として
の可能性を拡げることができるだろう。改善が必要だとされたタスクは，な
ぜうまく活動につなげることができなかったのか，その原因を明らかにしよ
う。よりよい授業を行うために振り返りは必要である。なぜなら，多くの失
敗には「成功へのヒント」が隠されているからである。授業は教師の思うよ
うには進まないことの方が多いかもしれない。上手くいかないときにどうす
るか，その時にこそ教師の力量が試される。生徒の様子を見ながら，活動を
途中で打ち切る勇気も必要（生徒のやる気が見られないとき，興奮しすぎて
収拾がつかないとき，など）である。また，早くに活動が終わってしまった
生徒への対応やプラス α の課題を与えられるような工夫も，以前に使ったタ
スクや評価・コメントの書かれた付箋紙からヒントを得るものだ。うまく活
用できたタスクはさらに工夫を加え再利用したい。

＜最後の5分＞

　最後の5分を課題や宿題の連絡として使うことはよくある。授業時間が
足りなくなり，チャイムが鳴って初めて授業が終わることに気づくこともあ
る。しかし，もし指導案を作成する際にこの最後の5分を上手に使うこと

ができると授業がさらに引き締まったものとなるだろう。

　帯活動として授業で振り返り（何を学んだのかを**振り返る時間**）にあてて
みよう。この 5 分は生徒が自由に使うことができる時間に決める。例えば，
授業ノートとは別に学習日記を用意し，その授業の学習内容や授業の感想・
疑問を自由に書いて残す活動にあてる。英語でも日本語でも構わない。大切
なことは自分で学びの記録を残すことである。記録をたどることで自分の活
動の歩みを再確認することができる。学習日記を提出させれば教師との交流
を図ることもできる。また，ペアやグループで振り返りを行ってもよい。仲
間に説明したり質問したりすることで確認の機会が生まれる。

　英語で授業を行っている場合は，時に，授業の最後で念のために日本語で
学習内容を確認することが必要になることもある。生徒の様子を把握し，生
徒が不安を感じていないか問題を抱えていないかなど日本語でのサポートも
適宜行いたい。生徒をていねいに観察しながら臨機応変に対応することが最
後の 5 分に求められる。

【授業を支える小道具たち】

　授業を効率よく行うための**小道具の定番**をいくつかあげておこう。ここで
は最新のものにも引けをとらない強者を紹介する。実習前の模擬授業で実際
に使ってみよう。教育実習前には忘れずに揃えておきたい。[31]

【タイマー】

　グループ活動のための必須アイテム。やや高
額になっても「10 分」「5 分」「1 分」「10 秒」
ボタンがあるものを選びたい。特に 10 分ボタ
ンは便利である。試験や長時間の活動の際，例
えば 50 分を設定するのに「分」ボタンを 50
回押すのは面倒である。1 つは授業の残り時間

便利な 10 分ボタン

31　資料 -13 に教育実習 FAQ があるので参考にしよう。

を示すもの，もう1つはタスクを行うために2つあると便利。マグネットつきのタイマーは黒板やホワイトボードにも張り付けられる。

【ストップウォッチ】

　生徒の音読時間や回答時間を手際よく測定するための必需品。タスクに取り組む生徒の緊張感や競争心をうまく引き出すアイテムになる。

【マグネット】

　やや大きめの粒タイプのマグネットは，紙を黒板に貼るだけでなく，発音やリズムの練習にも使うことができる。例えば2色のマグネットを大粒・小粒で揃えておくと，語強勢（強勢の位置を大粒で）や文強勢（内容語は緑の大粒で，機能語は赤の小粒で示す）の学習に使え，リズ

100円ショップにもたくさんの種類がある

ム練習につなげていくことができる。マグネット・シートは必要に応じて大小にカットし使うことができる。品詞や文法用語などよく使用するものを用意しておけば板書する手間が省ける。

【スタンプ（はんこ）】

　スタンプを提出物に押してもらえるのを楽しみにしている生徒は多い。コメントのついたスタンプセットが人気である。日本語では「良くできました」や「がんばりました」「もう少し！」「ていねいに」など生徒の課題への取り組みをうまく評価したものが多いが，意外に役立つのが「見ました！」というコメントである。評価

文房具店で購入できる！

はしないが，文字通り「課題を見ましたよ」という証拠として使う。"Perfect!" "Excellent!" "Very Good!" "Good!" "OK!" など，英語で書かれたものも数多くあるが，課題の内容やできばえに関係なくこれらのスタンプを使うと，文

字通り信じてしまう生徒もいるので，注意したい。そんな中で「見ました」と同じように "Good Job!" は気軽に使えるスタンプのひとつであろう。

【シール】

　スタンプは提出された課題に押すことが多いが，シールは授業中に行う活動で，速さを競うタスクなどの上位入賞者に与えるのに便利である。英語学習支援用のシールはたくさんの種類が出ているのでまとめ買いできる。もちろんスタンプでも代用できる。

【サイコロ】

　グループ分けや発表順番など決める際に手軽に使えるのがサイコロである。用途に合わせて目数を選べるほどの種類がある。

小さいのでなくなさいように！

【BGM】

　英語の曲は用途が広い。英語の授業が始まるのだという合図にも，授業中はタイマーの代わりに使うこともできる（3 分程度の曲，5 分程度の曲などを用意）。タイマーで時間を計るのとは異なり，音楽が学習中・活動中の雰囲気を活性化する効果も期待できる。また，発話を促すタスクでは，やや音量を上げることで，相手に声が聞こえるように大きな声で話すように仕掛けることもできる。生徒の様子を見ながら BGM は邪魔にならないように注意しつつ，上手に使いたい。選曲に配慮すれば教材としても使うことができる。ただし，隣の教室に迷惑がかからないように注意しよう。

演習・Discussion Point
- 担当する授業の学期末試験に出す問題について生徒に情報を与えたいと仮定しよう。試験の 1 週間前に知らせる場合と学期始めに知らせる場合のどちらがよいだろうか。
- 英語は体育や音楽，美術，技術・家庭と同じ「実技」科目であると言われる。

　なぜだろうか。

授業構成についての余白

　構成ひとつで授業は大きく変わります。特に授業の最初，Warm-Up の重要性は
どれほど強調してもしすぎることはありません。魅力的な授業は Warm-Up からで
す（資料 -5, 6 に授業のはじめに使える質問の例があるので参考にしよう）。

Further Reading

阿野幸一・太田　洋（2011）．『日々の英語授業にひと工夫』大修館書店
　　実践的でありながらも理論的背景を感じさせる工夫の仕方が紹介されている。
　　実践的というのはこの理論と実践の融合をいうのであろう。
中嶋洋一（2008）．『英語好きにする授業マネージメント 30 の技』明治図書
　　中学校での経験をもとにした実際に使える授業の技が満載。どの学校でも使う
　　ことが出来る授業のテクニックが必ず見つかるのがこの本のすばらしいところ
　　です。

次章の予告：言語材料という概念について学びます。

コラム：教材研究

　　　教育実習に臨む準備として模擬授業を行うことがある。ペアを組んだ
　　　り，個人で行ったりするのだが，指導案を作成する段階になり「教材研
　　　究ってどうするのですか？」と質問する学生が多い。教材研究とは難し
いものだと悩む前にこのように考えてみてはどうだろうか。
　教材研究とは…
・「早く生徒に教えたい」という気持ちを生み出すものである。
・教師自身の多くの経験・知識・教養をもとにし，教科書を使い「どのように生徒
　に教えるか」を考えるところである。
・教科書に書かれてない情報に着目し生徒の興味を引き付ける要素を見いだすこと
　である。
・生徒の「なぜ？どうして？」に対して，「ああ，そっか！」「ええ〜っ？」と生徒
　に言わせるために，知性を刺激する材料を教師が準備する場である。
・生徒の「〜したい」という気持ちを膨らませる課題を教師が用意する場である。
　中学・高校で「おもしろい授業だった」と印象に強く残っている先生が，授業に
　おいてどのような工夫を凝らしていたか，教師の卵として思い出してみるとよい。
　きっと参考にすべき数多くの大技小技に気づくことだろう。

第9章　言語材料とは？

重要な問い１：文字と音声をどう組み合わせて教えるか。
重要な問い２：語彙と文法が学習者の「何」を支えるか。

Keyword:　①言語材料　②強勢拍リズム　③意図的学習と偶発的学習

「**言語材料**」という言葉は，文部科学省が示す学習指導要領のなかで「言語活動」とともに使用されている。言語活動とは，実際の言語の運用につながる活動であり，聞くこと，話すこと，読むこと，書くことの４つのスキルを指す。言語材料とは，言語活動を行うための素材であり，中学校の学習指導要領では，「音声」「文字及び符号」「語，連語及び慣用表現」「文法事項」の４つが挙げられている。ここではその４つについて，日本語母語話者である学習者に対する指導を念頭におき，指導のポイントや注意点などを解説する。

9.1　「音声」と「文字」の指導

a.「音声」〜日本人の発音のアキレス腱（弱点）〜

英語を英語らしく発音するためには，音素（**phoneme**）レベルでは，母語にない音を認識して発音できるようになること，また母語と似ている音で代用しないことがキーポイントとなる。**超音素**（**suprasegmental**）[32] レベ

32　１つ１つの音（音素）に対して，音素を超えて捉えられる強勢やイントネーション，ピッチなどを超音素（超分節音素）と呼ぶ。

ルでは，日本語とは異なる英語のリズムやイントネーションに注意し，音の
変化（つながり）を反映させてなめらかに読むことが必要である。

　まず，音素レベルについては，母音と子音に分けて比較する。日本語の母
音は，「ア・イ・ウ・エ・オ」の5音であるが，英語の母音は，発音表記法
の違いによって多少数が前後するが，IPA 表記[33] では，短母音だけでも 11
音（/i, e, ɪ, ɛ, æ, u, ʊ, o, ɚ, ʌ, ɑ/）ある。また，子音については日本語が 16
音[34] に対して英語（アメリカ英語）が 24 音（/ p, b, t, d, k, g, f, v, θ, ð, s, z, ʃ,
ʒ, h, tʃ, dʒ, m, n, ŋ, l, w, r, j/）あり，母音，子音ともに英語の方が音の数が
多い。それゆえに，日本語にはない音が英語にはあり，それらが学習者にとっ
ては発音しにくい音，発音の紛らわしい音となる。

　英語らしい発音ができない原因としては，①日本語の音にないため，日本

表9-1　日本語の音と英語の音

母音の例	子音の例
「ア」と聞こえる音：/ æ, ɚ, ʌ /	①と②の例（日本語にない音を似た音で代用
「イ」と聞こえる音：/ iː, ɪ /	する）
「ウ」と聞こえる音：/ uː, ʊ /	fish → フィッシュ
「エ」と聞こえる音：/ e, ɛ /	vest → ベスト
「オ」と聞こえる音：/ o, ɑ /	three → スリー
	they → ゼイ
二重母音	see → シー
「アー」と置きかえる音：/ ɑɚ / 　car / kɑɚ / →「カー」	③の例（カタカナ語として存在するものをそ のまま利用する）
「エー」と置きかえる音：/ eɪ / 　date / deɪt / →「デート」	ticket → チケット
「オー」と置きかえる音：/ oʊ / 　boat / boʊt / →「ボート」	CD →シーディー

33　IPA とは，International Phonetic Association（国際音声学会）が定めた
International Phonetic Alphabet（国際音声記号）のことであり，世界のあらゆる
言語の音声を記号で表記するために開発された，いわゆる発音記号である。

34　Handbook of the International Phonetic Association.（1999）. p. 117

語と似ている音で代用する，②日本語の音と似ているので，そのままその音で代用する，③カタカナ語として使われているので，そのまま使用する，ということが考えられる。①と②については，英語の母音が日本語の母音よりも圧倒的に数が多いため，すべてを「ア・イ・ウ・エ・オ」のいずれかで代用することが考えられる。また，子音については，摩擦音の /f, v, θ, ð/ をそれぞれ「フ，ブ，ス，ズ」のように発音する，また /r/ から始まる音を日本語の「ラ」行の音で代用することなどがよく起こる例である。

　次に，超音素レベルでは，英語の強勢，リズム，イントネーション，音のつながりの特徴（それぞれ第 12 章を参照）を把握し，指導することがポイントとなる。特に日本語母語話者が英語を学習する際に注意すべき点を示し，母語と比較しながら教えると効果的である。

　英語は**強勢アクセント**（**stress accent**）であるのに対し，日本語は**ピッチアクセント**（**pitch accent**）をもつ言語である。英語は同じ単語でも，単語内において強勢の位置で意味が変わるが，日本語ではピッチ（音の高低）によって意味を区別する。例えば，present という単語は，présent と前の音節を強く読むと「贈り物」という名詞になるが，presént と後ろの音節を強く読むと「贈呈する」という動詞になる。標準日本語では，「かき」という単語は，柿は「＿ ￣」（貝の）カキは「￣ ＿」という異なるピッチで意味を区別する。音節の強さの区別に慣れておらず，音節をほぼ同じ強さで読む(音節拍リズム：syllable-timed rhythm）ことに慣れている日本語を母語とする学習者は，英語を読む際にもあまり強弱をつけずに，どの音節も同じ強さで読む傾向にある。よって強勢拍リズム（stress-timed rhythm）をもつ英語を英語らしく読めるように指導する際には，日本語の特長も踏まえて，比較しながら説明するとよいだろう。

　英語のイントネーションについては，**上昇調**（**rising intonation**）や**下降調**（**falling intonation**）など，日本語よりもはっきりした上げ下げをすると英語らしくなる。また，イントネーションの上げ下げにより伝わる意味に違いが出る場合があるので，注意が必要である。例えば，"I went to Europe." と相手が言ったのに対して，"Where?" ↗と上昇調で尋ねると，「えっ，どこ

に行ったって？」と聞き返す意味になり，相手は "Europe." と繰り返すだろう。これに対し，"Where?" ↘と下降調で尋ねると，"Switzerland." と会話が進みさらに詳しい情報（ヨーロッパのどこに行ったのか）を教えてくれるだろう。このように，同じ "Where?" であっても，イントネーションの違いで意味の違いが生じる。

b. 文字の指導

　令和2年（2020年）度より全面実施行された小学校学習指導要領では，外国語活動として英語を教える際の小学校第3学年および第4学年に対する文字指導については，「児童の学習負担に配慮しつつ，音声によるコミュ二ケーションを補助するものとして取り扱うこと」としている。また，教科として導入された第5学年と第6学年については，大文字や小文字，終止符，疑問符などの基本的な符合を指導するとし，書くことについては，「書き写す活動」を中心に文字を書かせることを指導するとしている。ローマ字指導は小学3年生で導入されることから，アルファベットの定着は外国語活動と合わせてより早い時期から進むことが期待される。中学校でのよりスムーズな英語学習につなげるために，小学校の時点でアルファベットの大文字と小文字の区別や小文字の区別（たとえば b と d，p と q），そして基本的な単語の発音や読み方が定着していることが望まれる。また，書き方に際しては，どの高さから文字を書くのかが定着しないまま学習が進むこともあるので，ペンマンシップや4段の罫線のある英語用のノートを使用した指導も有効である。アルファベットの書き順については漢字の書き順ほど定まったものはないが，ペンマンシップなどで示されている書き順を参考に確認が必要である。筆記体については，令和3年（2021年）度施行の中学校学習指導要領において，「生徒の学習負担にも配慮しながら筆記体を指導することもできる」と記されている。筆記体を教えることは必須ではないので，ブロック体で書くことに慣れた後，様子を見て導入することも可能である。

　アルファベットの導入の他に書く上での基本知識として，文頭や固有名詞の大文字，文末のピリオドやクエスチョンマーク，文中のカンマ (,) 2種

類のクオーテーションマーク（"a" 's'），コロン（:）とセミコロン（;）については確認しておきたい。扱うテキストにこれらが出てきた際には説明が必要であり，ある時点ではまとめて確認することが大切である。

c. 文字と音の指導〜フォニックス〜

　フォニックス（**Phonics**）とは，つづり字と発音の規則性を示すルールを学ぶ学習法であり，このルールを知っていると初めて見る単語でも読み方が予測できる。これは，英語を母語とする子どもたちに綴り字の読み方を教える方法で，日本では中学校で英語を学ぶ際に綴りと発音との関係を理解させるために言及することが多い。例えば，i という文字には発音が 2 種類あり，time の i は /aɪ/，window の i は /ɪ/ と読む。前者を「アルファベット読み」，後者を「音（おと）読み」と呼び，"I·i says /aɪ/, /aɪ/, time." や "I·i says /ɪ/, /ɪ/, window." のように覚える。また，2 文字の組み合わせの例は，sh は /ʃ/，ch は /tʃ/ と発音するので，"/ʃ/ as in shark." "/tʃ/ as in cheese." のように覚える。例えば，ship という単語は sh /ʃ/·i /ɪ/·p /p/ と順に音を出し，/ʃɪp/ と発音することができる。これらのしくみを覚えると，初めて見る単語でも正しく発音する助けとなる。

表 9-2 フォニックスの例（母音字のアルファベット読みと音（おと）読みの例）

	アルファベット読み	音読み
a	[eɪ]　cake　make	[æ]　apple　hat
e	[iː]　meet　see	[e]　pet　set
i	[aɪ]　bike　time	[ɪ]　kick　pin
o	[ou]　boat　coat	[ɑ]　box　stop
u	[juː]　student	[ʌ]　but　cut

表 9-3 フォニックスの例（文字の読みの例）

ee	[iː]　meet　week	ch	[tʃ]　check　chocolate
oo	[uː]　moon　soon	sh	[ʃ]　she　　shop
oi	[ɔi]　coin　choice	th	[θ]　think　through
oa	[ou]　boat　road	th	[ð]　this　　those

9.2 「語彙」の指導：学習語彙の「数」について

　小学校学習指導要領(平成 29 年・2017 年告示, 令和 2 年・2020 年全面実施),
中学校学習指導要領（平成 29 年・2017 年告示, 令和 3 年・2021 年全面実施),
および高等学校学習指導要領（平成 30 年・2018 年告示, 令和 4 年・2022
年より年次進行で実施）の改定により, 小学校での学習語彙は 600 ～ 700 語,
中学校で 1600 ～ 1800 語, 高等学校で 1800 ～ 2500 語, 合計 4000 ～ 5000
語の語彙を学ぶ。語彙習得の研究で Waring and Nation（1997）は, 学習者
が 3000 語前後の高頻度語を覚えることの必要性を明らかにした。これらの
語を覚えることができなければ他の語を覚えようとしてもほとんど意味を
なさないという。語彙・**コーパス**[35] に詳しい投野（2006, 2015 など多数）
が挙げる学習語彙 100 語と 2000 語の重要性をふまえ, 中学校での学習語彙
1800 語, また高等学校までの学習語彙 2500 語の意味を考えてみよう。

＜ 100 語＞
　1 億語のイギリス英語均衡コーパス British National Corpus（BNC）の話
し言葉 1000 万語のテキストを集計し, 英単語の出現頻度順にリストを作
成し異なり語[36] 約 57000 語を調べた結果, 最も頻度の高い上位 100 語が
1000 万語のデータ全体の約 7 割をカバーする活用度の高い語彙であること

35　第 10 章 2 節「コーパスの利用」を参照のこと。
36　異なり語とはあるテキストの中で, 同一の単語が何度用いられていてもこれ
　を一語とし, 全体で異なる単語がいくつあるかをかぞえた数のこと。

が明らかになった（投野，2015）。その BNC の高頻度 100 語は，文の構造を決める動詞，動詞だけでは伝わらない微妙なニュアンスを伝える助動詞，文をつなぐ接続詞，話し手・聞き手・話題になるものを示す代名詞，前置詞，副詞などが大部分を占め，これら 100 語程度の語彙で文法の骨組みや土台ができているという。これら 100 語は中学校で学習する最初の基本語彙にふくまれ，学習者の将来の英語力に関わる重要な役割を担う。英語学習において最も重要だとされる，その 100 の語彙学習とその時期の指導が中学校の教師に委ねられていることを心しておきたい。

＜ 2000 語＞

　語彙学習においては，基本 100 語から語彙を増やしていくと，上位 2000 語で話し言葉の 9 割を，また書き言葉の 8 割をカバーすることになり，それらの半分が名詞である。英語力の基本となる骨組みを 100 語で形作り，その後 1000 語〜 2000 語の名詞を中心とした語彙で表現に広さと深さを加えていく。小学校・中学校・高等学校での学習語彙は 4000 〜 5000 語であるが，特に話し言葉 9 割，書き言葉 8 割を占める高頻度語の 2000 語をマスターできるか否かが，実用レベルで英語を使えるかどうかを決定する重要な要素になる（投野，2015）。これら 2000 語は高校終了時までには多くの教科書に出てくる単語であり，授業で扱われる。大学受験などでより難解な英文読解に必要となる高レベルの語彙（3000 語〜 4000 語）は学習者の自主

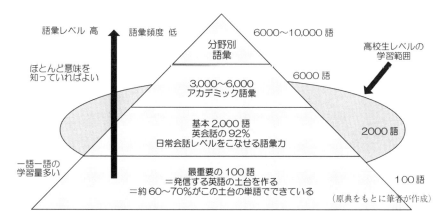

図 9-1　投野（2015）による語彙力のイメージ

的な語彙学習によるものとなる。高等学校における英語学習が実用レベルでの英語使用者への道を確実に開いていくものであれば，生徒の自主学習に加え，効果的な学習方法についてのアドバイスを教師から生徒に適切に与えていきたいものである [37]。

▌ 9.3　「文法」について

a. コロケーションで捉えよう

　中学校では英語力の基本となる骨組みを学ぶ。単語の意味を知ることはもちろんだが，同時に使い方もしっかり生徒に理解させたい。語がどのように組み合わさり「意味のまとまり」をつくる句になり節になるのかを**コロケーション**（**collocation**, **連語**, **慣用表現**）として捉えさせよう。コロケーションとは 2 つ以上の語の慣用的なつながりをいう。例えば，名詞と組み合わせて意味のまとまりをつくる機能語（a cup of coffee, in April, for you, at home など）や，動詞に組み合わせてより具体的な意味を添える副詞（stand up, sit down, turn on, put off など）や前置詞（look at it, listen to me, put up with など）は，どのような単語と一緒に使うことができるのかパターンを理解することが大切である。そのためにも，電子辞書を購入する際は，コロケーション辞書（Collocation Dictionary）が含まれているものを選ぼう。文の中の意味のまとまりで発音を確認し，口頭練習でリズムに乗って練習する方法が効果的である。リズムに乗るということは自然に内容語と機能語の強勢の扱い方がわかることにつながる。文法と発音は密接な関係にあるのである。

b. 辞書活動 [38]

　わからない単語を調べるために生徒自身で辞書を引く。辞書活動は理想的

---

[37]　教養のあるネイティブスピーカーは約 2 万語の語彙を知っていると言われている（Lightbown & Spada, 2013）。英語の教師としては *Time* や *Newsweek* が辞書なしで読める 1 万語レベルの語彙を目標としたい。

[38]　第 10 章を参照のこと。

な自律学習である。近年，その便利さゆえに電子辞書を用いる生徒も多いが，紙の辞書も使えるように授業では指導したい。例えば "have" を電子辞書[39] で引いてみる。画面に 9 行程の情報が出る設定では "have" についての説明は，次ページボタン（▼）を 19 回押すことで，動詞→他動詞→助動詞の順に登場し，最終項目の名詞の意味に達する。言い換えれば 19 回ボタンを押さなければ最初のページのわずか 9 行の説明だけで終わってしまう。一方で紙の辞書[40] では 11 列（約 5 ページ）もの紙面が "have" の説明にあてられ，この単語が中学 1 年生で習う簡単なものでありながら，いかに重要な語であるかを一目瞭然で知ることができる。また紙の辞書では，見つけようとしている意味や使い方を辞書のページ上で探す行為そのものが，"have" の使い方のバリエーションを知ることに繋がっていく。辞書にある例文から「こんな意味があるのか」「こんな意味になるのか」「このように使うのか」という学習はより記憶に残りやすいだろう。よい例文に多く触れることは文法に対する感覚をより鋭くすることにつながる。

　サッと単語の意味を調べるときは電子辞書，単語の使い方やコロケーションなどをじっくり調べるときは紙の辞書を用いるなど，双方の長所をうまく活かした辞書活動を生徒が自ら行えるように教師はアイデアを提供し辞書活動を応援したい。

c. 意図的学習と偶発的学習

　EFL 環境で英語を学習している限り，語彙を増やす努力は必要である。教科書に出てくる単語を「①見る→②スペリングを確認する→③発音を聞く→④発音してみる→⑤書いてみる」という覚え方は多くの生徒が行う方法であろう。これを**意図的語彙学習**（**intentional vocabulary learning**）という。偶然手に取った本や雑誌，新聞などで読んだ文章に覚えた単語が出てきて，何度も目にすることでその単語の意味を再生することができると**偶発的語彙**

39　CASIO EX-word DATAPLUS 7, XD-N4805
40　例えば，小西・南出（編）（2006）.『ジーニアス英和辞典　第 4 版』大修館書店

学習（incidental vocabulary learning）になるのだが，新しい単語が偶発的語彙学習によって定着するためには膨大な量の英語に触れる必要があり，回数としても「16 回」出会う必要がある（Lightbown & Spada, 2013）。EFL 環境では生徒が意図的学習と偶発的学習の両方ができるように，ここでも教師の工夫が期待される。教師もかつては生徒だったはずだ。昔の授業にヒントは隠されている。

d. やさしく正確な英語で Classroom English（資料-4 参照）

　教育実習前に果敢にも「英語で授業をする」ことに挑戦し，その難しさと自らの英語力不足に打ちひしがれる学生も少なくない。難しいことをやろうとしていないだろうか。考え方を変えてみよう。まずはできることからはじめることが大事である。簡単な指示を簡単な英語で伝えてみよう。生徒が意図的語彙学習で覚える中学校での 1800 語は生活に最も必要とされる語彙である。やさしい英語で教師が話すのを生徒が聞くことは，生徒が意図的学習で得た語彙を教師が偶発的語彙学習の場で提供できるチャンスになる。しかも「先生の言っていることがわかる！」という手ごたえを感じる瞬間を，授業中に生徒が何度も経験することができれば，授業そのものがおもしろくなる。言葉が通じ，相手の話すことがわかるのだから当然であろう。中学校，高等学校で "All in English" で授業をすることが奨励されているのは，生徒がわかりやすい正確な英語に触れる機会を何度も与えるためでもある。その機会は多ければ多いほどよい。教師は授業をしながら，英語の使い方，表現の仕方のお手本になりながら，英語を使ったコミュニケーションそのもので生徒に接しているのだ。

　最後に，言語材料のまとめとして同じく食材を使う料理と比較してみよう（表 9-4）。言語材料がよりイメージ化しやすくなるのではないだろうか。

表9-4　英語の授業と料理はよく似ている？

項目	英語の授業	料理
味わう人	生徒	お客さん・家族・子ども
作る人	先生	料理する人（料理人，親など）
材料	**言語材料4種類（音声，文字・符号，語，連語・慣用表現，文法事項）**	**食材（穀物，野菜，肉，魚，チーズ，牛乳，豆腐，水，調味料など）**
準備	教材，教具の準備に授業の三倍もの時間がかかることもある	下準備に何日もかかることもある
料理方法	教授法（ATM）の組み合わせ	和風，中華，洋風（イタリアン）など
品数	ひとつの授業の中でいくつものアクティビティーを組み合わせ実行するのが通常	1回の食事でサラダ，スープ，パン，メイン，デザートなど数品
計画性	同じパターンの授業ばかりになる事も	同じ料理が続かないように工夫する
成否	いい授業かどうかは生徒の目の輝き，真剣さで分かる	美味しく栄養価の高い料理，美味しいかどうかは食べている人の顔で分かる
相違	先生の姿が見える	料理人の姿が見えないことがある
個人差：作成者	自分の好きな言語材料ばかり使うと，生徒の英語能力が偏る危険性あり	自分の好きな料理ばかり作ると，飽きられる危険性あり
個人差：利用者	個人差はあるが，嫌いなアクティビティーも将来役に立つことがある	個人差はあるが，嫌いな食材（例：ピーマン，人参など）も食べると栄養になる
ポイント	同じ言語材料から，教授法と言語材料の組み合わせ方で多様な授業を展開	同じ食材から，料理方法や食材の組み合わせ方で多種多様な料理が可能

演習・Discussion Point
- オリジナルのチャンツを作成し，英語らしいリズムを体感しよう。
- 中学校や高校の教科書に出てくる単語や連語，慣用表現をリストにまとめてみよう。中学校と高校では学習語彙においてどのような違いがあるだろうか。

言語材料についての余白
　文法は変化しないにしても語彙は変わっていきます。時代の中でよく使われるようになる語彙，その動きを機敏にキャッチできるのが本章でも紹介されていたコーパスです。A New Service List など様々なコーパス（10章参照）の動きに英語教師として目配りをしたいですね。

Further Reading
投野由紀夫（2006）.『投野由紀夫のコーパス超入門』小学館
　実際の検索データをもとにコーパスと英語力の関係をわかりやすく説明している。効果的な英語学習のコツがわかる。コーパスならではの興味深いデータが豊富。
投野由紀夫（2015）.『発信力をつける新しい英語語彙指導』三省堂
　語彙の指導をどこから始めればよいかヒントが満載。特に受容語彙ではなく発表語彙にフォーカスを当てており，学習者としてもどのように語彙学習をすると最も効果的なのかがわかりやすく説明されている。

次章の予告： どのように教材を作成すればよいか，教材開発論について学びます。

コラム：「ことば」について知るということ
　　わたしたちが普段何気なく話している「ことば」にはたくさんのルールがある。外国語を勉強することになり，その文法の複雑さ，発音の難しさ，単語を覚えることの苦労を知り，初めて「ことば」というものがいかに不思議で，神秘的で，人間にとってなくてはならないものであるかに気づく。母語ならばそれが母語であるがゆえに母語のもつルールをほとんど意識することなく話している。「自分」を知るには「自分とは異なるもの」に出会うことが必要だ。さぁ，どうだろう。英語を教えるために英語の文法を再確認すると同時に，母語である日本語の知識も「言語」という視点でしっかりと理解してみては？日本語の複雑さに気づくことで，英語で難しいと感じていた問題をクリアできるかもしれない。自分を知るためには人と関わること。自文化を知るためには異文化に触れてみること。日本を知るためには海外へ行ってみること。そして感じたことをことばにしてみること。形では見えないこと，心で感じたことを表現できるのが人間に与えられたことばである。ことばは自分そのもの。わかるようでわからない。わからないけれど，たくさんのルールで成り立っている不思議なものである。

第 10 章　情報機器やメディア教材をどう活用するか？

重要な問い１：英語教育に情報機器やメディアを利用する目的とは。
重要な問い２：コーパスや電子辞書はどのように使うか。

Keyword:　① CALL　②コーパス　③電子辞書

　現代では社会生活のあらゆる面においてインターネットが利用されており，社会インフラとして無くてはならない存在になっている。教育においても，ネットワークや情報メディアを積極的に活用していくことが求められており，**電子黒板**などを使用して音声や動画といったリアリティの高いメディアで教材を提示したり，インターネットでコミュニケーション演習を行わせる必要性がうたわれている。また，日本は，日常生活において英語に触れることが少ない EFL の環境であることから，英語教育におけるメディア利用の度合いが高くならざるを得ないという事情がある。これらのことを考慮すると，英語教育において情報機器や電子メディアの教材を積極的に利用することは必要不可欠なことであると言える。そこで本章では，英語教育における情報機器やメディア教材の利用を取り上げる。

　なぜ教材開発が必要なのか？一般に，中高では検定教科書を用いて授業が行われるため，教師が独自の教材を開発する必要はあまり無いように思われるかも知れない。しかしながら，検定教科書は汎用性を考慮して作成されていることが多いため，内容や難易度が標準的なものになる傾向がある。最近では，生徒の学力が多様化する傾向にあり，標準的な教科書だけでは十分に対応することが難しいケースも増えてきている。また，個々の英語授業の目

的や内容も多様化してきている。従って，担当教員が自分の授業の指導目的や到達目標，生徒の英語力に応じて適切な教材を選定して追加したり，自ら教材を開発したりする必要性が出てくる。このようなことができる技能は教師にとっては重要なものであり，必要に応じて教材の選定や開発ができるようにしておくべきである。

10.1　英語教育における情報機器やメディア教材の利用

　EFL 環境である日本の英語教育において，情報機器やメディア教材を利用する必要性としてはどのようなものがあるだろうか。主なものとしては次のようなものが挙げられる。

a. インプットの提供

　EFL 環境では，日常生活で英語の**インプットに触れる機会**がどうしても少なくなる。授業での教科書のインプットだけでは必ずしも十分ではないので，追加のインプットとしてインターネットや衛星放送，映画等のメディアを通じてより多くの英語に触れさせる必要がある。例えば，Netflix や Hulu 等の動画配信サービスでは，海外で放送されている英語のドラマや映画を見ることができ，インプットとして利用するのに適している。また，動画サイトのYouTube にも英語学習に役立つ動画が数多くアップされており，単なるインプットだけでなく，発音演習，会話表現，異文化理解等のチュートリアルな内容のものも多く，英語学習に有用である。また，インターネット上の英語圏の新聞記事やテレビニュースを利用したり，タブレット等で電子書籍を読ませたりするのもインプットには有効である。これらを活用することで，日本に居ながらにして英語のインプットを豊富に得ることができる。

b. 英語を使用する機会やコミュニケーションの機会の提供

　EFL 環境では，日常生活の中で実際に英語を使用する機会が少ないことも問題である。教室の中で英語を使用することがあっても，学校を一歩出

れば英語を使用する機会は多くない。しかしながら，インターネットを利
用することでこのような EFL 環境の問題をある程度克服することができる。
Facebook や Twitter 等の SNS（Social Networking Service）において英語で
発信したり，ブログを英語で書くことなどもコミュニケーション力の養成
には効果的である。また，テレビ会議アプリケーションの Skype を用いれ
ば，海外の人々や学校との交流を行うこともできるし，最近では英会話学習
も行われている。また，これら以外にも，PowerPoint でスライドを作成し
て **TED Talk** のように英語でプレゼンテーションを行わせる演習や，英語で
YouTube のビデオを作って世界に発信するような演習は，グローバル化が進
む昨今において必要とされる英語力の養成を行うものであるといえる。これ
らのメディアの利用は，EFL 環境であっても英語を使ってコミュニケーショ
ンをすることの実感を学習者に与えることができ，英語学習の動機付けにも
有効であろう。CALL 教室での授業といえば，コースウェアでドリル演習を
行わせるようなイメージがあるが，インターネットに接続されているという
利点を生かして，メディアによるコミュニケーションの演習を行わせること
が重要である。

c. 多様な学習形態を可能にすると共に，効果的な学習支援を与える

　インターネットやコンピュータを利用した学習や授業は，一般には「e ラー
ニング」と呼ばれているが，英語教育においては，コンピュータを用いた語
学学習は **CALL**（**Computer-Assisted Language Learning**）という名称でも
呼ばれている。生徒一人に一台の PC が用意されている CALL 教室では，個
別学習（Individual Learning）だけでなく，協調学習（Collaborative Learning）
やプロジェクト学習（Project-Based Learning），アクティブラーニング（Active
Learning）など，多様な形態の学習を行うことが可能である。また，タブレッ
トやスマートフォンのようなモバイル機器の普及に伴って，これらを学習に
利用するモバイルラーニングも増えてきている。モバイルラーニング（Mobile
Learning / Mobile-Assisted Language Learning）では，通常教室や自宅，通学
途中などでもモバイル機器を利用した英語学習が可能になる。授業で利用す

る教材を各自のモバイル機器で利用することができるため，CALL 教室への設備投資が不要で，教室の内外でシームレスな学習が可能になるという利点を持っている。モバイルラーニングに Moodle[41] 等の学習管理システム（**LMS: Learning Management System**）を導入すれば，学習教材やオンラインテストの提供，課題提出，学習履歴や成績の管理等をネットワーク上で一元的に行うことが可能になるため，教師と生徒との間で授業に必要な情報を授業時間に関係無くやりとりすることができる。教師は，個々の生徒の学習履歴を分析して形成的評価を行ったり，適切なフィードバックを与えることが可能になり，生徒は授業に必要な教材や自分の成績にいつでもアクセスすることができるという利点があるなど，その有用性は高い。

　これまで述べてきたように，情報機器の使用によって多様な英語学習環境や学習形態の実現が可能になり，英語学習を効果的に支援することが可能になる。日本では，英語学習者に英語を使用する機会を日常的に与えたり，コミュニケーションの必要性を実感させたりすることは容易ではないが，メディアを使った英語学習によってこのような不利な点を少しでも解決することが期待される。メディアの利用は万能ではないが，授業の形態や目標に応じて情報機器や電子メディア教材の利用を検討すべきであろう。また，これらのメディア機器を授業で使用する際には，教材を事前に準備すると共に，正しく動作するかのチェックを予め行っておき，実際の授業において機器トラブルが発生しないようにしておくことが重要である。

10.2　コーパスの利用

　コーパス（corpus）とは，書きことばや話ことばを電子データ（テキストデータ）として大規模に収集したもので，言語の研究だけでなく教育にも利用されている。英語コーパスの代表的なものとしては，British National Corpus（BNC）や **Corpus of Contemporary American English**（**COCA**）[42] があ

41　https://moodle.org/

42　https://www.english-corpora.org/coca/

る。これらの大規模コーパスは，何億語にもなる膨大な語数の言語データを集めており，単語の出現頻度や使用のパターンなどを調べることができるため，単語リストや教科書などの教材開発のデータソースとしても有用である。コーパスデータの検索には，インターネット上で公開されているものは Web ブラウザを使うものが多く，データをダウンロードしたり，自分でコーパスを収集したりする場合は，AntConc[43] や WordSmith 等のコーパス分析用のソフトウェアを使用して単語の出現頻度などのデータ分析を行う。

　コーパスを利用すれば，ある単語やフレーズが文中でどのように使用されているかを実例で検索することができ（コンコーダンスや KWIC: Key Word In Context などと呼ばれる：図 10-1），それらが使用される文型や前後の語とのコロケーションのパターンなどを調べることができる。そのため，ある英語の表現が実際に使われているかどうかを調べることが可能で，生徒から「この表現を実際にネイティブスピーカーは使っているのですか？」というような質問があった場合でも，コーパスを検索して使用の有無を確認することができる。

図 10-1　right のコンコーダンス（KWIC; AntConc を使用して表示）

　また，コーパスには**学習者コーパス**（**learner corpus**）と呼ばれるものが
あるが，これは英語学習者が書いたエッセイやスピーキングテストで話し
た英語を収集したものである。日本人英語学習者のコーパスには，JEFLL
Corpus, ICANALE, The NICT-JLE Corpus などがある。これらの学習者コー
パスは，第二言語習得における中間言語（interlanguage）のデータであると
言えるので，これらを分析することで，学習者がどのような誤用をしやすい
かや，どのくらいの熟達度（proficiency）に達すればどのような文法項目を
習得しているかなどを調べることができ，第二言語習得研究においても非常
に有用なものである。また，これらのコーパスから学習者英語の特徴を知っ
ておくことは，指導や評価をより適切に行うことにも役立つと言える。

　このように，コーパスの利用は英語教師にとっても有用であるので，必要
な場合には自分でコーパスのデータを使いこなせるようにしておきたい。

10.3　電子辞書の利用

　最近では電子辞書が一般的となり，従来のペーパー辞書（紙の辞書）を利
用する機会は減ってきているのが現状である。英語関係の辞書も多くのもの
が電子辞書化されており，ペーパー辞書でしか入手できないものは専門的な
辞書など一部のものになっている。電子辞書にはペーパー辞書には無い便利
な機能も多いが，ここでは両者を比較しながら電子辞書を利用する際の注意
点について述べる。

a. 電子辞書の利点
（1）携帯性

　電子辞書の利点としては，まずその携帯性があげられる。ペーパー辞書に
比べると電子辞書は圧倒的に軽い。コンパクトで軽いのでどこにでも持ち歩
くことができ，海外旅行の際などにも便利である。かつては重いペーパー辞
書を何冊も学校に持って行くのは大変であったが，今では電子辞書に何冊分
ものデータが入っており，辞書を持ち運ぶ負担も減っている。

（2）検索時間の短縮

　電子辞書ではキーボードからスペリングを入力すれば，速く正確に単語を調べることができるのも大きな利点である。キーボードの配列を覚えていれば，ペーパー辞書を使う場合と比較して数倍は速く単語を引くことができる。また，調べたい単語のスペリングを正確に覚えていなくても，それに近いスペリングを入力すれば候補語を示してくれる機能もあり，スペリングの記憶があいまいなために，目的の単語をあちこち探さなければならないことも少なくなる。

（3）発音機能

　最近のほとんどの電子辞書は単語の発音を音声で聞くことができる。コンピュータによる合成音声ではなく，実際にネイティブスピーカーが発音した生の音声を録音したものを聞くことができるものも多い。この機能を使えば正しい発音を何度でも聞いて確認できるので，音声英語の学習にとっては大きな利点である。単語の発音を覚える際に，スペリングからの推測で間違った発音で覚えてしまう学習者も多いが，せっかく単語を覚えても，発音やアクセントの位置を間違ってしまっていると役に立たない。そのため，生徒には電子辞書で音声を確認して正しい発音を覚えさせる習慣をつけさせたい。

（4）多様な検索方法

　電子辞書には多様な検索方法が用意されていることが多く，複数の単語で構成される成句や熟語を検索したり，調べたい単語を含む**例文を検索**することもできる。また，"in～tion" のように単語のスペリングの一部に任意の文字列が入る状態にして検索しても，その条件に合う単語の一覧を提示してくれる [44]。これを使えば，反意語を構成する接頭辞の dis- や un- で始まる単

44　辞書によって異なるが，以下のようなワイルドカード検索ができる。
　　（a）m?k?：？マーク。ワイルドカード検索。？に 1 文字が対応する。この場合は 4 文字の単語
　　（b）～holic：～（tilde）。ワイルドカード検索。holic で終わる単語を探す。

語を検索して一斉に表示させることなどもできるので，授業での例語の提示も素早く的確に行うことができる。

(5) 履歴機能

電子辞書には調べた単語を自動的に記憶する機能があり，それらの語を後からリストで表示させることができる。この機能を利用して，自分がこれまで調べた単語を定期的にチェックし，それらを覚えているかどうかを確認させることは，単語の定着に有効である。この機能を用いて，リストから自動的に単語テストを作成してくれるような学習機能を持った電子辞書があればより便利なものになるであろう。

(6) 複数辞書の搭載

電子辞書には英和辞典と和英辞典のように複数の辞書が搭載されていることが一般的で，これらに加えて，英英辞典や**シソーラス**（**thesaurus: 類語辞典** [45]），活用辞典 [46] なども一緒に収録されていることも多い。そのため，生徒に自分の電子辞書に収録されている英英辞典やシソーラスを使わせてみることもできる。電子辞書では，ある単語の意味を複数の辞典から一括して調べて比較することも可能であるので，いつも英和辞典だけを使うのではなく，英英辞典やコロケーション辞典での説明も読ませることは，語彙知識を深めるために必要なことである。

b. ペーパー辞書の利点

電子辞書に比べて不便なイメージがあるペーパー辞書であるが，優れている点も多いことに注意したい。

45　自分の電子辞書に thesaurus が入っている事を知らない人も多い。宝の持ち腐れといわれないように活用しよう。インターネットにも多くの thesaurus サイトがある（http://www.thesaurus.com/）

46　その他，連語辞典（collocation dictionary: OCD など）も有効である。

(1) 一覧性

　一般に，電子辞書の表示画面は「階層構造」と呼ばれる形になっている。例えば，ある単語を調べる際には，まず検索画面にスペリングを入力して，単語の意味を表示させる。通常，この段階では用例や解説，熟語等は表示されず，これらの情報を見たい場合は，それぞれの呼び出しキーを押すなどして次の階層の画面を表示させることになる。このように，電子辞書では，ディスプレイのサイズの制限から，全ての情報を一つの画面に表示することが難しく，何層かに分かれた「階層構造」になっているために，必要な情報を一気に見ることができなかったり，見落としたりしてしまうという問題が指摘されている。一方，ペーパー辞書はこのような階層構造ではなく，その単語の載っているページに全ての情報が平面的に提示されるので，「一覧性」に優れていると言われている。この階層構造の問題は，パソコンやスマートフォンにインストールして使う辞書アプリを使用する場合はある程度解決されているが，ポータブルサイズの一般の電子辞書を使う場合には注意が必要である。

(2) 単語学習における効果

　ペーパー辞書で単語を引く場合は，調べたい単語のスペリングを頭に入れながら，目的の単語を探していくという作業を行うことになる。電子辞書に比べるとめんどうな作業に思えるが，認知的により深い処理を必要とする作業を行うことで，記憶に残りやすくなるとする説もあり（Craik & Lockhart, 1972)，スペリングさえ入力すればすぐに目的の単語に行き着いてしまう電子辞書は，単語の記憶という点では不利かも知れない。また，目的の単語を探している途中で，たまたま目にとまった別の単語を覚えるというような偶発学習の可能性があるのもペーパー辞書の利点である。更に，ペーパー辞書には調べた単語にアンダーラインを引いたり，書き込みをしたりすることができるという利点があるが，電子辞書では，このような機能は装備されていても使いづらいものが多いようである。電子辞書の使用に慣れてしまうとペーパー辞書を引くことがめんどうになるが，手間をかけて単語を引くとい

う作業には意味があることを生徒に認識させたいものである。

c. 辞書指導の必要性

　先に述べたように，ペーパー辞書には電子辞書にはない利点があることを考えてみると，英語学習の入門期においてはペーパー辞書から使用させるべきだとする意見にも耳を傾ける必要があるのではないだろうか。また，生徒に電子辞書を使用させるのであれば，ペーパー辞書を使用させる場合以上に，いわゆる「辞書指導」を教師がしっかりと行う必要がある。電子辞書は機器であるので，他の電子機器と同様に，きちんと使いこなすにはその操作方法を正しく知っておく必要がある。せっかくの便利なツールも，使い方をよく知らなくて宝の持ち腐れになってしまうことのないようにしたい。

演習・Discussion Point
- 本章で紹介したコーパスの中にはフリーで利用できるものも多い。Corpus of Contemporary American English（COCA）の Web サイト（https://www.english-corpora.org/coca/）にアクセスし，どのようなデータを検索できるのかを試してみよう。

この教授法の未来についての余白
　「教科書を」教えるのではなく「教科書で」教えるべきだと言われます。そのこころは教師自身が教材を開発する能力を身につけておく必要があるということです。電子辞書を含め ICT をうまく活用する能力の重要性はますます高まると考えられます。

Further Reading
赤野一郎・堀正広・投野由紀夫（編）(2014).『英語教師のためのコーパス活用ガイド』大修館書店
　　BNC などの大規模コーパスから電子辞書の活用方法まで英語教師が知っておくべきテクニックを余すところなく提示。授業や英語学習が 20％はエンパワーされることは間違いなし。
見上晃・西堀ゆり・中野美知子（編）(2011).『英語教育におけるメディア利用 CALL から NBLT まで』大修館書店
　　学習モデルと CALL の関係，e ラーニングシステム，モバイルラーニングに関する解説，CALL に関する研究結果や実践報告等，CALL の全体像について学ぶことができる。

次章の予告：クラスルームマネジメントの方法について学びます。

コラム：電子辞書の将来

　学校現場でもペーパー辞書から電子辞書への流れは今後も止まることはないと思われる。しかし，現在のような手帳サイズのポータブル電子辞書はこの先どうなるのだろうか。現代では多くのメディアが，「デジタル化」「パーソナル化」「ネットワーク化」「モバイル化」されて一つのメディアに集約されるようになってきている。この一つのメディアとは，言うまでもなくスマートフォンやタブレットである。そのため，単一の機能しか持たない電子辞書のようなメディア機器は，今後，存続の危機にあると言えるのかも知れない。すでに，多くの英和辞典がスマートフォンのアプリとしても販売されており，ネット上にはフリーの辞書サイトもある。教師にとっては，授業中に生徒に辞書としてスマートフォンを使わせるかどうかが，悩ましい問題になるかも知れない。

第11章　クラスルームをどうマネジメントするか？

重要な問い1：教室の中での教師の役割とは何か。
重要な問い2：生徒中心の授業とはどうあるべきか。

Keyword:　①最初が肝心　②英語は「ことば」　③協働学習

　新学年最初の授業での「授業開き」が教師にとり最も緊張と期待が交錯する時間となることは第8章ですでに述べた。しかし，緊張しているのは教師だけではなく生徒もやはり同じように緊張し，不安な気持ちと楽しみな気持ちを持ち合わせながら初めての英語の授業を待っている。「○○先生の英語はおもしろいのかな」「厳しい先生なのかな」「宿題は多いのかな」とうわさ話も聞こえてくるだろう。中学・高校，大学と多くの「先生」との出会いを通して，どのような先生からより多くのことを学んだだろうか。「いい先生だった」と思い出に残る先生方の共通点は何だろうか。"Hello, everyone!"と明るい笑顔と元気のいい声で始まるあなたの英語の授業が，生徒の将来の可能性を広げるかもしれない。

11.1　授業をうまくコントロールするための準備

　何事も「**最初が肝心**」である。生徒と教師が共に英語の授業に意欲的に取り組む環境を整えるためには，双方の共通理解にもとづいた「授業におけるルール」が存在し，順守されることが求められる。新年度早々の授業には，これからの1年間（あるいは3年間）の「わたしたちの英語の授業」の方

向性を決定するほど重要であるといっても過言ではない。明確にその方向性を示すことができるよう，教師は十分に考えておきたい。

a. 目標を定める

　学習を継続的に行う場合，その成果（1 年後あるいは 3 年後）がどのように表れるのか，「自分はどのように変わっているのだろう」という**ポジティブなイメージ**を持つことが毎日の学習の励みになる。教師が生徒によい英語学習者の例を示すにはどのような方法があるだろうか。

＜実例を示す方法＞
- 前年度（まで）に行った（上級生の）課題の実例を見せる（例：スピーチやスキットなどのビデオ，英語で書かれた文章課題のコピーなど）。よかれと思い高い英語力の生徒の例を示すことは，目の前の生徒の現実の目標としてはかけ離れたものとなってしまうこともあるので注意したい。生徒の到達可能なレベルに合った目標となるように例を選ぼう。
- 上級生や卒業生の理解・協力を得て授業体験談をビデオに残しておく。この場合，「今思えば，ああしておけばよかった〜」という意見も目の前の生徒のやる気を刺激するのに効果が期待できる。

＜計画させる方法＞
- 英語で書いたものをまとめる文集（1 年間または 3 年間の英語学習成果）の作成を計画する。
- 学内におけるスピーチ大会やレシテーション大会，寸劇披露などを計画する。
- 地域の，都道府県主催のスピーチ大会などに参加する計画をたてる。
- 地域における異文化交流や体験学習に参加する計画をたてる。
- 学内や，地域の ALT や留学生と英語を使ったコミュニケーションを図る経験をするための計画をたてる。

　生徒を目標に向かって励まし，ゴールでその成果を確認するためには，生徒のやる気を維持し創造力を高めるための教師からの工夫・仕掛けは欠かせない。

b. 授業のルールを定める

　授業がはじまり，授業が終わるまでの（標準）50 分。教師が上手に授業をコントロールしつつ生徒が教室で意欲的に活動に取り組む環境を整えるために，常に教師として心掛けたいこと，また，生徒に求めたいことがある。「みなさんからもこんな風にやってもらいますよ」と授業開きをしてから 1 週間程度をめどに，ルールを習慣化させるようにするとよい。最初が肝心である。最初は面倒だと思われていても，**すぐに慣れてくる**ものである。いくつか例を見てみよう。また，他にどのようなルールが効果的か考えてみよう。

＜授業開始時・終了時＞
- 時間厳守。授業はチャイムで始め，チャイムで終わることを，まず教師から行動で示そう。休み時間は限られている。時には教室から教室へと移動するだけで，職員室へ戻る時間がなくなることもあろうが，次の授業の開始チャイムは教室で聞くようにしよう。
- 生徒もチャイムが鳴り終わるまでには着席する。忘れ物がある場合は教師に報告しておくようにする。授業が始まってから個人の理由で全体の活動を中断させない。

＜授業中＞
- 先生・クラスメートの話を聞く。話をしている人の方に体を向ける。
- 誰とでも協力的・積極的に活動を行う。
- **英語を使うことを恥ずかしいと思わない**。間違いを恐れない。
- クラスメートの失敗を笑わない。
- 人の迷惑（私語・授業に関係のないこと）になることをしない。
- わからないことがある場合は手を挙げて質問する勇気をもつ。

- 配布された資料やプリントにはすぐにクラス・氏名を記入する。

＜授業後＞

- 英語は**継続する力**が大きな成果を生む。授業後の復習，明日の授業のための予習，宿題をおろそかにしない。
- 授業で行った活動や提出課題を「やりっぱなし」にしない。返却されたテストや課題の評価（コメント）を参考に振り返り，ポートフォリオに整理する。
- 教師も実施したテストや課題を「やらせっぱなし」にしない。ルーブリック（規準）に照らし合わせ生徒の活動に対し評価を伝える。提出物はチェックし，必ず生徒へ返却する。

11.2　授業における工夫

中学・高校時代の英語の授業を思い出してみよう。印象的だった授業，楽しかった授業を受けた経験があれば，そのような授業は何がどのように違っていたのだろか。

a. 英語もことば

英語は日本語と同じ，人が話すことばである。心の中の気持ちや考えを他の人に伝えるためのコミュニケーションのための手段である。それゆえ，英語の授業では 2 人で行うペア・ワーク，3 人以上で行うグループ・ワークを効果的に取り入れていきたい。協働活動のメリットは，活動そのものが生徒間でのコミュニケーション力をつける場になるということ。EFL 環境にいる生徒たちにとっては，授業こそが，英語を使う貴重な練習の場であり，協働活動が「英語を使ったコミュニケーション」を実現できる絶好のチャンスとなるように教師は工夫したい。教師が一方的に授業をし，生徒はただ聞くだけの授業というのは，生徒が英語を使う機会を奪っていることになってしまう。生徒に英語を聞かせる，発音させる，書かせる，読ませるまたは話さ

せる，といった課題を与え，生徒が意思疎通を図るために「英語を使う環境」
を整えることは，教えることと同様に教師が忘れてはいけない重要なポイン
トである。

b. 机の配置

　教室は実際に授業が行われる場所である。授業の進め方，課題への取り組
ませ方によってはペアやグループ作りが必要となる。グループ作りは協働学
習において重要なポイントとなるため，目的に応じて適切な指示を与えたい。
ペアを作る場合は，簡単に隣同士（左右または前後の）2人で組み，さらに，
必要に応じてペアから4人組へ展開する。一般的にはグループ活動の**基本は
4人組み**が理想的とされる。5人以上ではリーダーシップを握りたい生徒と
そうでない生徒がでてきてしまう。3人以下では活発なグループ活動があま
り期待できない傾向がある。4人の中での役割（リーダー，補助記録，発表
など）もグループの中で偏りが出ないよう当番制にする工夫も必要である（図
11-1）。通常，学力や性別，性格，生徒間の人間関係など考慮し教師がグルー
プを作るのが一般的だが，グループ間の活動の様子，生徒間の雰囲気，生徒
の積極性や意欲などを注意深く観察しながら，臨機応変に対応していきたい。

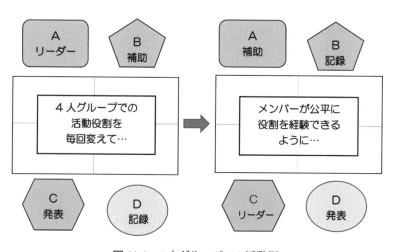

図 11-1　4人グループでの活動例

　活動内容により，グループ活動から全体活動へと展開してみよう。座席を教卓に向かって「コの字」に配列すると，生徒の目の前の景色が変わり（図11-2），開放的な雰囲気を味わえる。また，コの字型から黒板に背を向けるように座席を配置すること（図11-3）で，中央に四方に囲まれたスペースが生まれ，コロセウムの雰囲気を作り出すことができる。いつもの授業とは違う雰囲気の中で，人前で発表することの緊張感に慣れていく機会を工夫してみよう。

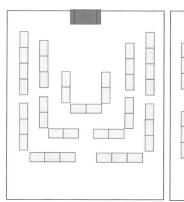 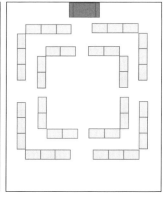

図 11-2　コの字型配置　　**図 11-3　コロセウム型配置**

c. ペア，グループの作り方

　座席順でペアやグループを作る際は，隣同士や前後左右のメンバーで簡単に組むことができる。活動によって，または気分転換に，好きな者同士で組ませたり，くじ引きで決めたり，教師が任意にメンバーを選んだりしてペアやグループを作ることができるが，それぞれの方法にメリット，デメリットがあるので注意しておきたい（表11-1）。ペア・ワークやグループ・ワークは仲間と協力して活動することが大前提である。誰とパートナーを組んでも友好的にコミュニケーションが取れるようになることが大切であることを生徒にしっかりと理解させたい。与えられた環境でよりよい成果を出すための工夫や努力をすることが学校生活の日常における生徒の課題となる。

表 11-1　ペア・グループの決め方例

方　法	注意しておきたいポイント
好きな者同士	○仲の良い者同士で集まることができる
	○協力的、友好的な雰囲気を維持できる
	○時間がかからずにペア、グループを作ることができる
	▲ペアやグループに入れない者がでる可能性がある
	▲いつも同じようなメンバーの組み合わせになる
座席順	○簡単に指示できる、時間がかからない
	▲座席替えが行われるまで同じメンバーでのペア、グループになる
	▲協力的あるいは友好的な雰囲気を保つことができないことがある
名簿順	○簡単に指示できる、時間がかからない
	▲常に同じメンバーでのペア、グループになる
	▲協力的あるいは友好的な雰囲気を保つことができないことがある
くじ引き	○文句がでない、公平である、
	○メンバーが誰になるかわからない緊張感がある
	▲時間がかかる

紙と鉛筆	あみだくじ 紙片に数字	・くじの中に事前に少数の「当たり（役割）」をつくることができる
割りばし 【再利用可】	先端に色付け 先端に数字	・同じ数字・色を引いた者同士でペアやグループを組むことができる ・くじの数字を発表順にすることができる ・割りばしクジは全員が同時に引くことができる
サイコロ 【再利用可】	さまざまな目数のそろった市販のサイコロ	・参加者数によりサイコロの目数を選び、クラスの前で（提示機の上で）サイコロを振る ・出た目の数で順番をきめることができる ・事前にサイコロの目に「当たり（役割）」を決めておくことができる
トランプ 【再利用可】	4種類×13枚 ＋ジョーカー	・生徒は着席したままカードをひくことができる ・ひいたカードの数で順番をきめることができる ・事前にカードの種類と数字に「当たり（役割）」を決めておくことができる

d. 異文化体験へのとびら

　一般的には，生徒はホームルームの教室で授業を受け，体育や音楽，美術といった実技科目の授業の際には実習室へ向かう。学校によっては英語の授業を，英語の授業を受けるための特別な教室で行う取り組みをしている場合

もある。特別な教室を英語の授業に使用できる場合は，「そこに行けば英語の世界」になることができる雰囲気を整えてみたい。部屋にはポスターを貼り，洋楽の BGM を流し，英語で書かれた本や雑誌，パンフレットや写真を置く。シーズンごとの行事の飾り付けも雰囲気づくりには欠かせない。海外で撮影した写真や外国語で書かれた手紙なども，異文化に興味をもつ生徒には刺激的であろう。

　その教室の中では「**English Only**」のルールを設け，生徒も教師も英語で話す。英語圏の国々に限定することはなく，さまざまな国や地域，言語や文化へ興味をもち，「英語をつかって」コミュニケーションする姿勢が奨励される。そこには ALT はもちろん，他の科目の教師らも自由に立ち寄り，上級生も下級生も混じった，活発なコミュニケーションの場になるような取り組みができれば理想的である。学校全体への「学び」そのものの質を高めていくことにもなるだろう。

11.3　教室の中の教師の役目

　授業では活動内容に応じ，教師の役割も変わってくる。

a. 教師の立ち位置

　生徒がどのように座っていても，教師は常に生徒の様子に注意を払い，授業を進めていくことが求められる。教師のアイコンタクトは，教師と生徒を結ぶ重要なはたらきを持つ。視線を常に生徒に向け，**生徒から発せられるサイン**を敏感に察知したい。学びたい気持ちが前に出ているか，質問をするきっかけを求めてはいないか，退屈で注意散漫になっていないか，理解できずに混乱してはいないかなど，生徒は言葉にしなくても表情や態度で示してくるので見逃してはいけない。必要に応じて机間巡視・机間支援を行い，生徒の関心や注意を惹きつけることも必要である。教師自身が緊張していたり，精神的余裕がない場合は自分の手元を見るのが精いっぱいになり視線をあげることはできない。そのような時こそ，深呼吸し，教室全体をぐるりと見渡し，

勇気を出して教卓から離れ，生徒に声をかけてみよう。協働学習では，生徒同士の活動の中に入っていくことで教師は生徒との距離を縮めることができ，個人的な意見を聞く機会になる。生徒の独り言やつぶやきを聞き逃さず拾い上げることで，授業が思わぬ方向に展開し，発展することがある。これをきっかけに生徒の理解を深め，励まし，「もっと学びたい」という知的好奇心をうまく刺激したい。生徒の「なぜ？」を無駄にしてはいけない。

b. 発問・指名の工夫

　授業は，教師の一方的な説明だけで終わらせたり，教師からの活動の指示に従い生徒が機械のように動いていればよいというものではない。生徒がいかに学習内容を理解しているかは，質問に対する答えかたにより確認することができる。授業では「先生は説明の後，必ず質問する」という習慣をつけておくと，生徒は「何を質問されるか」と緊張感を保ちながら話を聞くようになる。上手な発問により授業が活発になり，教師と生徒の間の信頼感も生まれ，知的好奇心を刺激する空間になる。

＜発問の形式＞

- 5W1H を用いた質問をし，生徒がフルセンテンスで答えるようにしよう。Yes-No 疑問文を用いる場合は，必ず Yes や No と言った後に because 〜と理由を添えることをルールとする。"What do you think?" や "Why do you think so?" "How did you know?" といった生徒の**意見や考えを発表させるような質問**も使いたい。
- 生徒が質問に答える時は，周りにはっきりと声が伝わるように立たせて発表させよう。
- 生徒からの答えは，たとえ間違っていてもないがしろにしない。必要に応じ，生徒の発話を板書し，正しい理解へと導くために発展的に利用するとよい。誤りから学ぶことが多く，その誤りに生徒が自ら「ああ，そうだ！」と気づくことが大切である。

＜指名の形式＞

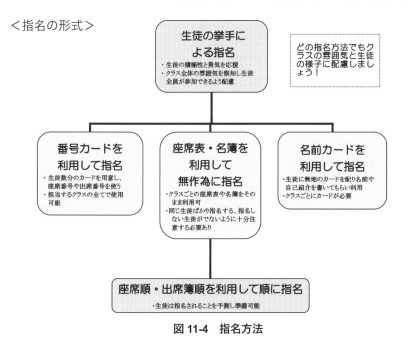

図11-4　指名方法

　生徒全員が授業に参加していることを忘れてはいけない。「**自分もいつか指名される**」という緊張感を保ちたい。順に生徒を指名する場合は，生徒もいつ，どの問題があたるかおおよそ見当がつく。カードを使って指名する場合，生徒にはいつあたるかわからない緊張感がある。順番ではないが，遅かれ早かれ指名されるので公平感がある。しかし，一度指名されるとしばらく順番が回って来ないと思い，授業に集中しなくなる生徒が出てくることもあるので注意したい。無作為に指名する場合も，生徒はいつあたるかわからないという緊張感がある。座席表や名簿を使い，指名した生徒の名前に印をつけるなどして，教師は同じ生徒を何度も指名しないよう注意する。また，指名しつつも「あててほしい」という生徒のサインを見逃さないこと。生徒の挙手による発言は奨励されるべきで，教師にとってはありがたいことである。いずれの場合も教師は生徒の英語力を考慮しつつ，臨機応変に質問の内容や問題の難易度への配慮を心掛けたい。集中させよう。指名方法はそれぞれに長所短所があるので，場面や状況に応じて使い分けたい。

演習・Discussion Point
- どのような課題にどのように取り組ませるのが効果的だろうか。
- 座席表や名簿で順番に指名していく場合，生徒の英語力が質問のレベルと大きく差がある（質問が簡単すぎる・難しすぎる）場合，どのように対応したらよいか考えてみよう。

クラスルームマネジメントについての余白
　コミュニカティブな授業展開はクラスルームマネージメント次第であるといっても過言でないくらい重要なのが教師のスキル。しかしながら，なかなかそのスキルを養成できる場がないのも事実です。学生のうちに行事を通じてリーダーや実行委員になってみるのもいいかもしれません。多数の人間を統率することはそう簡単なことではありません。与えられた環境（状況）でよりよい仕事（成果）を出すためには，仲間同士が好き嫌い関係なく同じ目標に向かって進んでいかなくてはなりません。学生時代には様々な場面での活躍の場があるでしょう。挑戦してみましょう。無駄な経験はありません。

Further Reading
阿野幸一・太田　洋（2011）.『日々の英語授業にひと工夫』大修館書店
　授業で取り入れる実践的工夫が沢山ある。どの学年でも利用可能である。
江利川春雄　編著（2012）.『協同学習を取り入れた英語授業のすすめ』大修館書店
　グループ活動の重要性と期待できる結果が簡潔に記載されている。

次章の予告：「音」に焦点をおき，聞くこと・話すことについて考えます。

コラム：What's "All in English?"
　　英語の授業における "All in English" の取り組みは，英語教員にとっては悩みの種だ。「英語を学ぶのだから基本的に英語の時間は日本語禁止が当然である」と捉え，授業で諸活動の指示を英語で与える以外に「授業のすべてを英語でやらなければいけないの？」と不安を感じる人もいるだろう。もちろん教師に授業の全てを英語で行うに十分な英語力があり，かつ，生徒も英語で授業を受け理解することができるに相応しい英語力が備わっていれば，"All in English" の授業も成立するだろう。しかし，そのような条件に恵まれるとは限らない。発想を変えよう。大切なことは授業で「いかに生徒に英語を使わせるか」である。教師からの指示は日本語で与え，生徒が英語で「読む，話す，聞く，書く」活動を行うことができれば，それも "All in English" の授業である。

第 12 章　聞くこと・話すことをどう指導するか?

重要な問い1：英語が聞きとれない原因は何か。
重要な問い2：どのような内容について英語で話すのか。

Keyword:　① bottom-up & top-down processing
**　　　　　② accuracy & fluency　③ communication strategies**

　言語の主要スキルとは，聞く（リスニング），話す（スピーキング），読む（リーディング），書く（ライティング）の4技能であり，授業においてこれら4つをバランスよく組み込んで指導することが望ましいのは言うまでもない。聞くことと話すことはどちらも音を介して行うのに対し，読むことと書くことは文字を介して行う。また，聞くことと読むことは受容的スキル（receptive skill）であるが，話すことと書くことは発表的スキル（productive skill）であるとされ，それぞれの技能が複雑に関連し合って英語力が形成されていることがわかる。

12.1　聞く・話すということ

　4技能の中でも，特に聞くことは（L1でもそうであるように）言語を習得する過程で一番初めに行うことである。また，音声言語を持つが文字を持たない言語が存在することから，言語の指導では音声は文字よりも優先されるべきだという考えもある。日本で英語を学ぶというEFL環境においては，授業外で英語を聞いたり話したりする機会は少ない。そんな中でリスニング

やスピーキングの能力を伸ばすためには，日本の学習環境も考慮した上でリスニングやスピーキングのしくみを把握した指導をすることが求められる。

1990 年代から盛んになった学習者ストラテジーの研究は，学習への全般的な取り組みについてのストラテジーから始まり，さらに各スキルにおいてのストラテジー研究へとつながった。それぞれのスキルに関連したストラテジーの紹介と共に，具体的な活動についても言及する。

12.2　リスニングの指導

a. bottom-up & top-down processing

ある発せられた音声を理解しようとする際，私たちはその音声テキスト（text）に対して 2 種類の言語処理を行っていると考えられる。1 つは，**ボトムアップ処理**（**bottom-up processing**），もうひとつは**トップダウン処理**（**top-down processing**）である。リスニングにおけるボトムアップ処理とは，text に関連する小さな単位の情報を組み合わせ，徐々にまとまりのある text を組み立てていくことである。具体的には，音声の基本情報（音素，強勢，イントネーションなど）や語彙・文法の知識などを使って，発せられた音声の意味を理解しようとする過程を指す。これに対して，トップダウン処理と

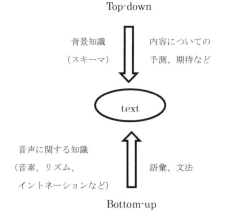

図 12-1　リスニングにおける bottom-up と top-down のアプローチ
(J.C.Richards, 1990, pp. 50-51　をもとに改変)

は，text に関連して自らが持ち合わせている背景知識（**スキーマ**，schema）を活用したり，text の内容について予測や期待をすることで全体的に理解しようとすることである。

b. リスニング・ストラテジー

　では，リスニングを指導する際，具体的にどのようなことに着目すればよいだろうか。ボトムアップとトップダウン，それぞれの観点から述べる。

ボトムアップ（音声を聞き取るためのストラテジー）

　・音素（個別の音）の聞き取り

　音素については，9 章でも述べたように，日本語には無い音を中心に指導をすることで，聞き間違いやすい音や聞き取りにくい音を予め意識させることができる。よく使われる練習方法は，**ミニマル・ペアー**（**minimal pair**）であり，単語レベルの練習が多いが，文レベルに発展させて練習させることもできる。

例 1)　単語レベル	she　[ʃiː]　…　see　[síː]
例 2)　文レベル	Do you have a pen?　…　Do you have a pan?
	[pén]　　　　　　　　　　　 [pæn]

　・音のつながり（音変化）の聞き取り

　書かれた英語を見て理解するのと違い，耳から入ってくる英語は単語を一語一語認識できず，数語が一つの塊のように聞こえることがリスニングを難しくする原因となる。単語間の音の連結，脱落，同化のしくみを知ることで，聞き取りに役立つことはもちろん，話す際にも英語らしく発音することにつながる。

　音の**連結**（**linking** または **liaison**）とは，単語間の音がつながってなめらかに発音されることで，子音で終わって母音（または半母音 /j/）で始まる場合に連結が起こる。

　音の**脱落**（**elision**）は，単語間で前の単語の語末音が聞こえにくくなる現象で，とくに閉鎖音で終わり，子音で始まる時に閉鎖音が脱落しやすい。また，同じ子音同士が重なる場合も同様である。これは一つの単語内でも起こることがあり，本来発音されるべき音が聞こえにくくなることもある。

　音の**同化**（**assimilation**）は，単語間で2つの音が影響し合って別の音が現れる現象，また，一方の音が他方の音に影響を与えて音が変化する現象である。2つの音が反応し合う同化は，すでに馴染みのあるものも多いが，あらためてパターンを示し，確認すると良いだろう。

表12-1. 音のつながりの例

		例
連結	①子音＋母音 ②子音＋ /j/	One of my friends will take you there. ①[wʌn_əv]　　②[teɪk_ju]
脱落	①閉鎖音＋子音 ②同じ子音同士が並ぶ場合	I'd like to tell you this story. ①[aɪ(d) laɪ(k) tu] ②[ðɪ(s) stɔːrɪ]
同化	①相互同化（隣り合った2音が 　お互いに影響し合う） ②逆行同化（後ろの音が前の音 　に影響を与える）	Did you have a good time? ①[dɪd ju] →[dɪdʒu]　(d+j →dʒ) I have to meet him. ②[hæv tu] →[hæftu]　(v が f に変化)

・英語らしいリズム（文強勢）を知る

　英語は強いところと弱いところが交互に現れる**強勢拍リズム**（**stress-timed rhythm**）が特徴であり，強勢がほぼ等時間隔に置かれるリズムである。強く読まれる単語は，一般に内容語（動詞，名詞，形容詞，副詞など）であり，文の意味の中心となるため強勢を受ける。比較的弱く読まれる単語は，機能語（冠詞，前置詞，代名詞，助動詞など）であり，それらがたとえ聞こえにくい場合も文の意味をそれほど大きく左右しない。最近では，英語らしいリズムを体感する方法としてチャンツを取り入れることも多く，例のように丸印などで強勢のある箇所を示し，リズムを意識しながら英語を読ませている。市販されているチャンツの教材は色々あるが，自分で英文を作り，手拍子を

とりながら練習することも可能である。

●　　●　　●　　　●

例）I'd love to see my friends from college.　　　（この文を 4 拍でよむ）

・イントネーションのパターンを知る

　イントネーションの基本パターンを知ることで，発話された文がもう完了
している，あるいは疑問文である，などを判断する手掛かりとなる。通常，
平叙文は下降調のイントネーションとなり，文末をしっかりと下げることで，
話が終わったことを伝える。それに対して，イントネーションがあまり下がっ
ていなければ，まだ話し続ける意思があることがわかる。文末のイントネー
ションが上昇調になっていれば，疑問文であったり，または話し手にとって
自信の無い発言であったり，といった意図が伝わる。これ以外にも，選択疑
問文や列挙文など，特殊な文のイントネーションについても確認する必要が
ある。

・意味のまとまりごとに聞き取る

　書き言葉にコンマやピリオドがあるように，話し言葉ではポーズ（pause）
を入れて意味のまとまりを示す。ポーズが入る箇所は，書き言葉でコンマや
ピリオドがあるところ，また，句や節の区切りであり，ポーズをヒントにし
て意味のまとまりを認識することができる。

例）I know the person / who is talking to my boss / in front of the vending machine.
　　　　　　　↑（関係詞節）　　　　　　　↑（場所を表す前置詞句）

　ボトムアップ指導は基本を繰り返し練習することが多く，単調になりがち
である。英語の歌の聞き取りや映画の台詞のディクテーションなど，生徒が
楽しめる要素を取り入れて，聞き取りを支える基礎の強化に努めたい。英語
の歌では，バラードのようなゆっくりと聞き取りやすい曲を使い，音のつ

ながるところを穴埋め問題にして書き取りを行うことも効果的である。また，映画の台詞は聞き取った後に実際に生徒たちに映像に合わせてアフレコ（after-recording）をするなどしてスピーキングの活動にもつなげることができるだろう。

トップダウン（内容理解のためのストラテジー）

・推測（inference）と予測（predicting）

リスニングを始める前（pre-listening）によく行われるのは，教材などに載っている絵や写真，グラフなどをヒントに，これから聞く内容を推測するという活動である。あらかじめトピックが分かっている場合は，そのトピックについて簡単なディスカッションをすることで，学習者の**背景知識（スキーマ）**を活性化させ，リスニングに注意や関心を向ける助けとなる。また，リスニング後に質問文などがある場合は，あらかじめそれらに目を通すことで，ある程度話の流れを予測することもできる。

リスニング中（while-listening）には，常に受け取った情報から即座に次の流れを予測したり，特定の場面でよく聞かれる決まり文句などから場面を判断することも大切である。例えば，"Are you ready to order, sir?" と聞こえたならば，場面はレストランなどの飲食店，話し手は server，聞き手は客であるだろうと予測できる。ヒントとなるものは総動員し，流れてくる音に耳を傾けることが大切である。

・要点を理解する（listening for main ideas）

細かいことにとらわれず，おおよそどんな内容であるのかに注意を向ける聞き方であり，どんな場面で誰が何のために話しているのかを捉えることが目標となる。この場合，「いつ，どこで，誰が，何を，なぜ，どうした」といった 5W1H 情報に注目するとよい。場面がある程度分かると，その場面に関連するスキーマを利用することもできるため，内容理解につながりやすい。

・必要な情報を選んで聞き取る（listening for details/ selective listening）

　自分に必要な情報のみを聞き取る，または，具体的に質問された内容に答えるため，特定の情報に集中するような聞き方である。たとえば，天気予報を聞く時に，自分の住む地域や旅行先の天気のみを聞き取り，それ以外の情報には注意を払わないような聞き方である。また，リスニング問題などで，「彼は何時の列車で出発しますか」と質問されることがわかっていれば，男性の名前や数字（時間）にのみ集中して聞き取ろうとする。これも selective listening といえる。

12.3　スピーキングの指導

a. 正確さ（accuracy）と流暢さ（fluency）について

　外国語を話せるようになるためには，色々な要素が必要である。発話の意味を正確に伝えること（accuracy），そして言葉がコミュニケーションを妨げない流暢さ（fluency）で発せられることはどちらも大切である。

　学習者の発話の正確さは，特にオーラル・アプローチで重視され，学習過程で生まれる間違いへの訂正は，頻繁に行われる。この教授法では，言語学習は習慣形成であるという行動主義心理学の考え方から，悪い習慣，つまり文法や発音などの誤りが身につかないように，間違いはしっかりと教師によって正された。一方，流暢さはコミュニカティブ・アプローチで重視されている。コミュニケーションの弊害になる，または誤解を生むような**全体的誤り**（**global error**）は正されるが，意味を理解する上で大して影響を与えない**部分的誤り**（**local error**）は大目に見られて指導される。例えば，I have two friends. を I have two friend. と言っても意味は伝わるが（local error），I'll get a ticket. を I'll got a ticket. と言うとチケットを「これから手に入れようとしている」のか「すでに手に入れた」のか，どちらを意図した発話であるかが判断できない（global error）。どちらかを重視しすぎることなく指導することが，バランスのとれた英語力となることは言うまでもない。

　また，スピーキングやパフォーマンスの評価については，4章でも述べたように，評価者の主観によって採点結果に幅が生まれるため，どのような評

価項目をどのスケールで採点するのかをしっかり定めたルーブリックを作る
ことが必要である。

b. スピーキング活動

　ここでは，代表的なスピーキング活動を紹介する。いずれの活動も，協働
学習を基礎としたプレゼンテーションやプロジェクトワークを取り入れるこ
とで，より活発なスピーキング活動の場を設けることができる。聞き手あっ
てのスピーキング活動であるので，常に interactive な活動が提供できるよう
に工夫が必要である。

(1) 役割練習（role play）

　役割練習は誰もが経験したことのある練習だが，さらにスピーキング力を
伸ばすために，テキストから顔を上げた発話（face to face）を促す，会話の
つづきを二人で創作して自由に話を続ける，といった活動にも発展させるこ
とができる。また，場面によってよく使われる決まり文句なども含まれるた
め，役割練習を通じて固定表現を覚えることも可能である。

(2) ディクトグロス（dictogloss）

　ディクトグロスとは，あるまとまりのある文章を聞きながらメモを取り，
そのメモをペアまたはグループで持ち寄って文章を復元し，最後にどんな文
章になったかを発表する，という4技能を統合した協働学習である。学習者
は文章を聞く（リスニング），メモを取る（ライティング），協力者とメモを
読み比べる（リーディング），メモを総合してまとめる（ライティング），ペ
アやグループとしての文章を発表する（スピーキング）といった作業を通し
て，コミュニケーションを取りながら4技能を駆使して最後の発表に結び
付ける。途中の話し合いを英語で行うことでより英語を話す機会が増え，有
意義なスピーキング活動となるだろう。

(3) ディベート（debate），ディスカッション（discussion）

　ディベートは，賛成派と反対派に分れて，どちらがより理論的な説明をし，説得力があったかを，審判（ジャッジ）が判定し，勝敗を決めるゲームである。賛成派（pros）と反対派（cons）に分かれ，どちら側になっても（たとえ自分の意見とは反対のグループに入ったとしても），説得力のある論理の展開が期待される。それに対し，ディスカッションは，ある議題に対して意見交換をすることを目的とし，最終的に合意する場合もあるが，そうでない場合もある。いずれにしても，話し合いの結果，どんな方向性になったかのまとめをすることになる。

(4) スピーチ

　中学校の学習指導要領では，言語活動の「話すこと」の中で「与えられたテーマについて簡単なスピーチをすること」が前回より新たに追加された記述である。このことにより，中学校検定教科書では，人前に立ってスピーチをするというページを多く設け，その機会を授業内で持てるよう促している。中高で行われるスピーチは，あらかじめ準備した原稿を覚えて発表するという形式が一般的だが，発表後に内容についての質問を受け，追加説明をしたりすることで，一方向と双方向の二種類のスピーキングを練習することができる。また，スピーチを予め書いて準備することは，ライティング活動とも結びつくので，他のスキルと統合した指導が可能である。

c. コミュニケーション・ストラテジー

　「話す」ということは，スピーチのように一方的に語りかけるものと，会話の相手がいて相互に発話のやりとりがあるものと二種類に分けられる。相手がいて話をする場合，もっとも大切なことは相手に興味を持ち，相手を知ろうとする態度，そして自分の考えを伝えたいという気持ち（WTC）である。言語能力にそれほど長けていなくても，それらの気持ちが強い人は，コミュニケーションをより効果的にとることができる。このように，コミュニケーションをより円滑に行う目的で使われるのが，コミュニケーション・ストラ

テジーである。

　例えば，ある単語を相手に伝えたいけれど英語で何というか分からない時，どのように対処すればよいだろうか。その場に辞書を持ち合わせていればすぐ確認できるが，実際の会話では知らない単語が出現するたびに辞書を引くわけにはいかない。例えば，「不動産屋の人」という言葉が分からなかった場合，以下のような遠回しの言い方のストラテジー（circumlocution）を使うことができる。

例）A:　I'd like to know the word about a person who helps people to buy a house to live. How do you call that in English?
　　B:　Oh, that's a real estate agent.
　　A:　I see.

　単語を知らないからといって諦めるのではなく，「家を購入する人たちの手伝いをする人は英語でなんと言うのだろうか」と相手に尋ね，相手から「不動産屋さん（人）= a real estate agent」という語を引き出そうとしている。このように，援助要請をする（appeal for assistance），言われたことが分かりにくい場合に置き換えをして確認する（paraphrase），相手の言ったことの一部をそのまま繰り返す（shadowing），身振りを用いる（gesture）などして積極的にコミュニケーションを取り，相手との会話を続けようとする努力も大切である。

演習・Discussion Point
- 教科書の一節を取り上げ，リスニングをする際に気を付けるべきポイント（発音，音のつながり，イントネーションなど）について，話し合おう。
- 流暢さ（fluency）を磨くためのスピーキング活動を考えよう。

聞くこと・話すことについての余白
　コミュニケーション能力の養成，特に4スキルの中でもリスニングとスピーキングに対する要求は社会からも学習者からも強く，年々高いレベルが求められています。パフォーマンス評価の方法を併せて考えながら評価と一体となった指導

方法がこれから求められるでしょう。

Further Reading

Grant, L.（eds）.（2014）. *Pronunciation Myths: Applying second language research to classroom teaching*. University of Michigan Press.
　Myths シリーズの発音版。「イントネーションは教えるのが難しい」といった一般的に認識されている事柄について，‘In the real world’（現実には），‘What the research says…’（研究では），‘What we can do…’（我々ができること）の 3 段階で解説している。

川越いつえ（2007）.『英語の音声を科学する』大修館書店
　英語話者には当たり前の英語のしくみを，日本語と比較しながら説明されており，日本語話者ならばどうとらえるか，という視点で解説されている。英語教員として知っておきたい英語音声学の知識が詰まっている。

次章の予告：「読むこと・書くこと」について学びます。

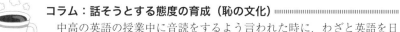

コラム：話そうとする態度の育成（恥の文化）

　中高の英語の授業中に音読をするよう言われた時に，わざと英語を日本語読みした経験はあるだろうか。たとえ英語らしい発音が出来たとしても（また英語を話してみたい気持ちがあったとしても），クラスメイトの前でそれを披露することは，周りの目を気にする中高生にとって大いなるチャレンジである。日本におけるこの現象は，「恥の文化」（『菊と刀』ルース・ベネディクト，1944 年）というものが昔から存在し，控えめにすること，目立たなくすることを重んじる文化があることに起因する。しかしながら，大学生からは，ネイティブのような発音でペラペラと英語を話せるようになりたい，という希望を多く耳にする。音声の習得には，より幼い年齢から音に触れることが効果的だと言われていることからも，小中高の授業においても英語の音に親しみ，恥ずかしがらずに発音練習ができる環境とは何かを考えながらそのような環境整備をすることが未来の教員には求められるだろう。

第 13 章　読むこと・書くことをどう指導するか？

重要な問い 1：何のために英語で読むのか。
重要な問い 2：英語で何を書いて表現するのか。

Keyword:　① skimming & scanning　② intensive/extensive reading
③ cohesion & coherence

　読むことと書くことはどちらも文字を介して行われる活動である。紙の上
で，または PC の画面上で何度も読み返すことができ，書き直すことができ
るが，実はそのプロセスは一言で表わせるほど単純ではない。

▌13.1　読む・書くということ

　読むプロセスでは，例えばある文を目にした瞬間に，並んでいる単語の意
味は何か，それらがどのような解釈で使われているか，また書き手の意図は
何だったのか，などの様々な思考がなされ，読み進められている。読もうと
するテキスト（text）が一方的に頭の中に入ってくるのではなく，読み手と
書き手の**相互的なやりとり**（**interactive reading**）が行われているのである。
一方，書くプロセスにおいては，ペンを手にして（またはキーボードに手を
置いて）いきなり書き進めていくわけではなく，書き始める前にアイデアを
組み立てたり，調べたり，自分に問いかける，といった前段階の作業がある。
一度書き始めても，一旦手を止め調べ物を再開したり，別の書き方をしてみ
たりするなど文章の推敲を行う。書き始める前のこのようなプロセスがあっ

てこそ，実際に文字化することができるということを考えれば，書くということも大変複雑なプロセスである。

　決して単純ではない二つのスキルの指導には，様々な方面からのアプローチが求められる。ストラテジーを示して様々な読み方を体験したり，学習者が書き始めやすいような課題（guided composition）に取り組ませるなど工夫が必要である。

13.2　リーディングの指導

a. リーディング・ストラテジー

　学習者ストラテジーが各スキルのストラテジー研究に発展した結果，リーディングについてもいくつかの効果的な読み方が提案されている。1 つの読み方だけを行うのではなく，学習者に様々な読み方を提案し，体験させることが大切である。そうすることにより，目的によってどんな読み方が有効かを判断し，テキスト（text）に対してよりよいアプローチができるだろう。

（1）スキミング（skimming）「大意把握読み」

　スキム（skim）とは「液体の上澄みなどをすくう」という意味があり，リーディングにおけるスキミングとは，大意を把握するために全体をざっと読むことである。速読の方法の一つで，詳細な情報には注目せず，その読み物全体の意図や目的を理解することに重点をおく。その際に基本となる情報とは，一般に 5W1H といわれる情報伝達のポイントで，いつ（When），どこで（Where），だれが（Who），なにを（What），なぜ（Why），どのように（How）という 6 つの項目に注目する。限られた時間内に読まなければならない場合，また，細かい情報は必要ないがざっと概要を把握したい場合などにはスキミングが役立つ。

（2）スキャニング（scanning）「情報検索読み」

　スキャン（scan）には「特定の情報を求めてざっと読む」という意味があり，

リーディングにおけるスキャニングもまさに情報を検索するための読み方である。こちらも速読の方法の一つで、自分に必要な情報のみに注目し、それ以外は読み飛ばすことになる。例えば、ファストフード店で一番安いハンバーガーとオレンジジュースを注文しようと決めている場合、メニューのどの部分を見るだろうか。おそらく、まずハンバーガー類の欄を見て値段を見比べ、一番安いものを見つけてそのハンバーガーの名前を確認するだろう。その後、ドリンクの欄を見て、オレンジジュースを探し、値段を確認する、といった順であろう。その時、デザートやサイドメニューのところは特に見ることもなく、支払う金額を準備することになる。この読み方がスキャニングであり、必要なところ以外には注意を払わない。あとに問題文が続くような資料や表などの読み取りの場合、先に問題文に目を通しておくと、読むべき個所が限定され、スキャニングによって効率よく問題を解くことができる。

(3) 多読（extensive reading）

多読とは「文の意味を読み取ること」を目的として多くの分量を読むことである。多読を通して文章を読むことに慣れ、読みの流暢さ（fluency）を高めることができる。また、読む楽しさを体験し、たくさん読んだという達成感を味わうことで、もっと読んでみようという動機につながることが大切である。一般に、学習者各自の読解レベルより少し易しめの文章を多く読むと読解力向上につながると言われている。多読は教室外でも進めることができる読み方で、何ページ読んだかを記録する読書カードやグラフのようなもの

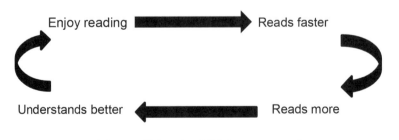

図 13-1　読みの良い循環（Nuttall, 1996）

を配布し，学習者の自主的なリーディングを奨励することもできる。graded reader と呼ばれる難易度別の読み物集などを活用すると，学習者のレベルに合った教材を様々な分野から選択できる。

（4）精読（intensive reading）

　精読とは「一文一文を精密に読んでいくこと」つまり，語彙や文法などに注意して，意味を確認し，文章を解釈してゆく読み方である。文法訳読法で行う英文解釈がこれにあたる。精読をする際には，文章自体の理解を深めることはもちろん，その文章が書かれた背景知識についても触れ，また行間を読む（read between the lines）ことも試みる。知識を増やし，教養を高めることが目標となるので，文章を深く読む面白さや楽しさを伝えることが大切である。

b. リーディング × 音読の活動

　音読（read aloud）とは，文字通り「声に出して文章を読み上げること」であり，学習者自らが自分のペースで読み上げたり，CD や教員のモデル音声の後についてリピートする場面を思い浮かべる人も多いだろう。「音読」と聞くと，スピーキング活動の一部のように思われるかもしれないが，文章を読み進める時にも実際には声に出さないが頭の中で音読が行われている。文章を声に出して読み上げることで，意味のまとまりを把握しているかどうかが明らかとなり，文字と発音の一致も確認でき，文字や語彙の定着も図ることができる。ここでは，リーディング指導との関連も考えながら数例の音読練習を紹介する。

（1）リード・アンド・ルックアップ（read and look up）

　リード・アンド・ルックアップとは，まず，書かれた英文を読み上げた後（または黙読した後），顔を上げて文字を見ないで言ってみるという練習方法である。通常行われるリッスン・アンド・リピートとの違いは，文字を見ずに文を再生することが課されるため，英文を自分のものとして理解する力が

必要となる。短いフレーズのリピートは，たとえ意味が分からなくても機械的に繰り返すことは可能であるが，長文になるほど自分の中で文の意味を理解して再生してゆく力が必要となる。読もうとする全文を練習することは時間的に難しいだろうが，重要構文や頻出のフレーズが入った文を取り上げて練習を行うことで，文の定着をはかり実際のコミュニケーションに使える表現へと発展させることもできる。

(2) パラレル・リーディング（parallel reading）/ オーバーラッピング（overlapping）

　パラレル・リーディングまたはオーバーラッピングと呼ばれるこの方法は，英文を見ながら聞こえてくるモデル音声と同時に声を出して読む練習方法である。リピートする場合と違って練習時間は半分ほどに短縮されるうえ，これから読み取ろうとしている文章にざっと目を通すことができる。目を通しながら，スキミングをする学習者もいるだろう。シャドーイングの橋渡しとして，この練習を行うとよい。

(3) シャドーイング（shadowing）

　シャドーイングとは，英文を見ずに聞こえてきた音声を直後に聞こえたままリピートする方法で，元の音声から少し遅れて影（shadow）のようについて発音することからこう呼ばれている。もともとは同時通訳の訓練などで取り入れられていた練習であるが，近年，学校での英語学習にも取り入れられている。視覚からの情報が無い分，練習としては高度になるが，モデル音声のスピードや含まれる文の難易度に注意しつつ，学習者がついて行けるスピードからスタートするとよい。モデルを聞き（リスニング），すぐに声に出してリピート（スピーキング）しながら，文章の意味を考えること（リーディング）を組み合わせて練習ができ，言語知識の自動化（automaticity）に役立つ。

(4) オーラル・インタープリテーション（oral interpretation）

　オーラル・インタープリテーション（略して OI）とは，「作品音声解釈表

現法」（近江，1984）とも言われ，ある文章をその時代背景なども踏まえながら聞き手の存在を意識し，感情を込めて朗読することである。もともとは文学作品を題材にし，自らの解釈をふまえて表現する方法であるが，OI を単元のまとめとして行うことで，書かれた文章の真の解釈（理解）へつながる活動となる。単に美しく朗読するのではなく，自分の言葉として発するとしたらどのような感情をもってこの言葉が発せられるだろうかと想像し，練習し，聴衆（audience）の前で発表することが求められる。

13.3　ライティングの指導：他のスキルとの関連

　書くことは，4つのスキルの中で最後に習得するスキルである。中学や高校では，ライティングのスタートは一文英訳であり，ある文法項目を含んだ一文を英作文する機会が多いだろう。しかし，それらを2文，3文とつなげることでまとまりのある文章へと発展するので，一文英訳を基本にある程度の長さのライティングができるように指導することは必須であろう。ライティングは，他のスキルと組み合わせて指導されることも多く，特に読む・聞く活動を行った後でライティング活動へ進むと，スキルを統合して指導することができる。例えば，何かを読んだり聞いたりしたことについてまとめる，内容についての自分の印象を話した後に文章にする，賛成や反対の意見を述べた後にまとめる，などである。「何のために書くのか」という目的を示し，書いて表現できることがどんな場面で役立つのか，といった将来のイメージを学習者に持たせてライティング指導をすることが大切である。また，ライティングの評価も，スピーキングやパフォーマンス評価と同様に採点者の主観によって評価にばらつきが出るため，ルーブリックを定めてより公半な評価ができるよう準備しよう。

a. ライティングの基礎

　よく比較されることであるが，日本語では言いたいことは一番最後にくることが多いが，英語では一番最初に述べられる。書き言葉のレトリック（修

辞法）の特徴として，英語は直線的であるが，**日本語（Oriental）は渦巻型**であるという指摘（Kaplan, 1966）がある。日本語は言いたいことにたどり着くまでに，ぐるぐると回り道をしてやっと結論にたどり着く，というわけである。日本語話者が不慣れな「結論先にありき」（Conclusion comes first.）という考え方は，パラグラフを書く場合にも原則として指導する必要があり，パラグラフの構成についても一般的なパターンを把握することが論理的な文の展開につながる。

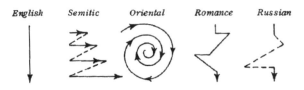

図 13-2　Written Discourse のパターン（Kaplan, 1966）

　まず，パラグラフとは，ある主題（topic）について書かれた文の集まりであり，1 段落（インデントしてまとめられた 1 段落）を指す。1 パラグラフ内には，**主題文（topic sentence）** があり，段落の最初に置かれることが多い。その後には，主題文を支える**支持文（supporting sentences）** が続く。支持文は文字通り，主題文の支えとなる役割を果たすため，主題文の説明や具体的な例などが含まれる。パラグラフがいくつか集まったものが文章である。

　文章の理論的な構成としては，導入（introduction）→ 展開（body/developing paragraphs）→結論（conclusion）の流れが一般的である。導入では，文章全体で結局何について述べるのかということを簡潔にまとめた論題陳述（thesis statement）を提示する。これが，「結論先にありき」の原則である。展開においては，それぞれのパラグラフで主題文を提示し，それを説明する支持文が続く。主題文がより論理的に分かりやすく伝わるように，裏付けとなるデータや例を入れ，より詳しい解説を加える。最後の結論では，展開で述べたことを要約する，または違った言葉で言い換える（paraphrase）などし，述べたいことのポイントを再提示する。

<u>導入（introduction）</u>

パラグラフ

> thesis statement を提示
> （今回の文章で述べようとしていることを簡潔にまとめたもの）

<u>展開（body/developing paragraphs）</u>

パラグラフ1

> 主題文（topic sentence）
> 　支持文①、支持文②、支持文③　…

パラグラフ2

> 主題文（topic sentence）
> 　支持文①、支持文②、支持文③　…

パラグラフ3

> 主題文（topic sentence）
> 　支持文①、支持文②、支持文③　…

<u>結論（conclusion）</u>

> 述べられたポイントの要約

図 13-3　一般的なエッセイの構成

b. 結束性（cohesion）と一貫性（coherence）

　文が複数集まったものが文章であるが，文章が文章であるためには，単に複数の文が並べられているのではなく，それぞれが互いに何らかの関係性を保ちながら意味のあるまとまりとなっている。そのために，文章には結束性と一貫性が必要であると言われる。**結束性**とは例えば，

　A: Is <u>Anna</u> coming to the party?
　B: Yes, <u>she</u> is.

の例が示すように代名詞や接続語，語彙の言い換えなどを用いて文と文が何らかのつながりを持っていることを示す。一方，**一貫性**とは話の筋道が通っているかどうか，ということである。

  A: Could you give me a lift home?

  B: Sorry. I'm going to the party.

この例のように言葉の上では示されていなくても，読んでいると恐らくこうなるだろうと理解できる流れのことをいう。これらの2つの要素は，最終的に文章として仕上げるために欠かせないものであり，これらが上手く機能していないと，読んでいても意味の通らない文章になる恐れがある。特に言いたいことが伝わりにくい文章が出来上がった場合，結束性と一貫性について，チェック項目を立てて書き直しを求めることが，より分かりやすい文章を組み立てる手引きとなるだろう。

c. ライティング活動

ここでは，ライティングにかかわる主な活動を紹介する。

(1) ブレイン・ストーミング (brain storming) / マインド・マッピング (mind mapping)

ブレイン・ストーミングとは「自由な雰囲気の中，集団でアイデアを出し

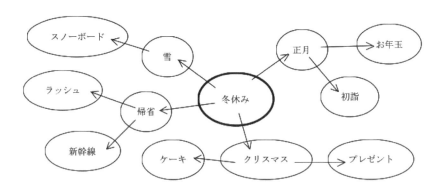

図13-4　マインド・マッピングの例

合うことで，思いつくまま口に出して言い合い，色々な考えに触れること」
を目的とする。その場で結論を出すことはせず，出されたアイデアは何でも
受け入れ，なるべく多くのアイデアを出すことを目標とする。様々なアイデ
アが出た際に，それらを関連付けて整理する方法の1つが，**マインド・マッ
ピング**である。頭の中で起こっていることを目に見える状態にする試みであ
り，中心となるテーマやキーワードを真ん中に書く。その周りに個々のアイ
デアを配置するが，その際にそれら1つ1つがテーマやキーワードとどの
ように関連付けられるか，また，関連が無いかなどを分かりやすく線でつな
いだり，矢印で方向を表したりして整理する。これらの活動は，プレ・ライティ
ング活動として実際に書き始める前に行われるが，書いている途中でも，考
えを見直したい時や整理し直したい時などいつでも気軽に行うことができる。

(2) ガイディッド・ライティング（guided writing）

　英作文をさせる際，特に初級の学習者にとっては「何でも自由に書きなさ
い」と言われるほど難しい課題はない。書き始めるためのキーワードやキー
センテンス，書き出しのフレーズなどを指定することで，書く不安はかなり
解消され，学習者にとっても負担が少ない。創作の自由はある程度確保され
つつ，書き方や書く分量に一定の制限を与えることを guided writing という。

(3) フリー・ライティング（free composition）

　「○○について自分の考えを書こう」といったフリー・ライティングは，
上級者を対象とした課題である。この場合，各自でトピックの選定をし，ブ
レイン・ストーミングで考えを整理して，アウトラインを考え，書き進めて
いかなければならない。フリー・ライティングの場合でも，卓案（draft）を
何度か提出させて，最後の作品に到達するまでに何度か内容をチェックする
ことが必要である。ライティングの添削は教員にとって最も時間のかかる作
業であるが，段階を追って確認を入れることが学習者にとっても教員にとっ
ても最終的な作品をより良いものにするために不可欠である。

演習・Discussion Point
- 音読指導のいくつかのバリエーションを練習してみよう
- テーマを決めてマインド・マッピングを作ってみよう

読むこと・書くことについての余白

　実際に英語がスラスラ読めるようになることと，英語がスラスラ書けるようになること，どちらが将来より必要になるでしょうか。インターネット時代に突入し，そのニーズは日々変化しています。自分がネットとどのようにかかわっていくかで，その必要性も決まってくるのではないでしょうか。

Further Reading

Nation, I. S. P. (2009). *Teaching ESL/EFL reading and writing.* New York: Routledge.
　ESL/EFL 学習者が読む，書く，というそれぞれのプロセスについて，意味重視のインプット，意味重視のアウトプット，言語重視の学習，流暢さの発達という4つの観点から論じている。

門田修平・野呂忠司・氏木道人（2010）.『英語リーディング指導ハンドブック』
　大修館書店
　教科書を用いたリーディング指導については，pre-reading, while-reading, post-reading のそれぞれについて例を挙げながら可能な活動についての解説がある。また，多読，速読の指導，文法や読解ストラテジーと組み合わせた指導などについても言及されている。

次章の予告：自律的な英語学習者を育てる方法について学びます。

コラム：Textese ||||||||||||||||||||||||||||||||||||||||||||||||||||||||||||||||||||||||||||||||||||||||||||||||||||||

　Textese という言葉を知っていますか。意味は abbreviations for mobile phone text messaging つまり「携帯メールに特有のことば」である。授業で書く英作文やペーパーにはもちろん使うことはできないが，一歩教室を出ると SNS やチャット，携帯メールでは一見間違っているまたは難解な言葉であふれている。将来，電子メールやチャットでコメントする機会がますます増える学習者を取り巻く環境を考えると，textese の存在も無視することはできないだろう。書くことや読むことへの動機付けに，textese を紹介することも1つの方法かもしれない。　"BTY, wen wil i c u 2night?"

第 14 章　自律的な英語学習者を育てるには？

重要な問い１：先生が教えたことを生徒はそのまま学ぶのだろうか。
重要な問い２：学習者の特徴に合わせた教え方は可能だろうか。

Keyword:　①学習者の特徴　②学習動機　③学び方の学習

　近年，自律的というキーワードが教育をめぐる世界で語られる事が多い。この章では学習者の自律性がなぜ重要で，どのように育成することが可能なのか考えよう。

14.1　学習者の特徴と自律的な学習者

　1960 年代から 70 年代初頭までのこの分野（応用言語学）の研究はあくまでも教授法中心であった。しかし，意外なことに比較研究においてどの教授法が優れているという結論にまで至ることがなかった（山岡，1997）。この事実はその後，学習者自身への興味を駆り立て第二言語習得研究（SLA, Second Language Acquisition）の誕生を促す結果となった（Stern, 1983）が，その理由として考えられたのは，ある教授法によって英語能力を伸ばす学習者もいればその教授法を受け入れがたい学習者もいるから，というものであった。この章まで主として教授法から論じてきたが，教える立場だけからの視点では効果的な英語教育を達成することはできないともいえる。学習者は一様ではなく，十把一絡げ（"lump all learners together" Skehan, 1991）という態度はよい効果を生まない。事実，教壇に立つ際，最も頭を悩ませるの

は学習者の個人差であり，そこに介在する学習者特徴は多様である（図14-1）。

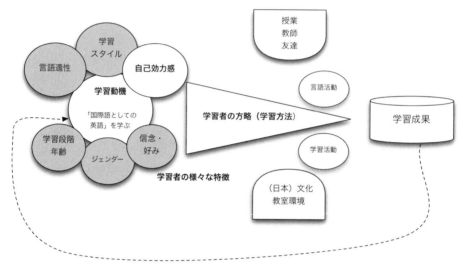

図 14-1　学習者の多様な特徴

　言いかえるなら，同じ環境で英語を学んでいても成功する者とそうでない学習者が存在するのはなぜなのだろう。この素朴な問いは40年近く議論されてきて（Stern, 1975など）未だ解決されていない英語教育に関する重要な問いである（Lightbown & Spada, 2013）。英語教育において学習者の貢献度は予想以上に大きく，教師がどれほど素晴らしいと思って授業をしても（逆に自分でつまらない授業だと思っていても）成果が上がったりそうでなかったりする。

　一方で，英語学習ほど授業外学習が重要になる科目はない。第二言語習得研究のどの研究成果を見渡しても，聞く・読むといったインプット量の重要性はゆるがない。どれほど明示的かつ効果的に授業（教室内）が行われていても，学習者ひとりひとりの学習が必要となる。実際にどれだけの時間が英語を習得するのに必要なのかという議論はつきないが，カナダの完全イマージョン教育で幼稚園から高校卒業時までで8000時間のインプット（The

Ministry of Education Alberta Education, 1996), Lightbown (2007) によると少なくとも「百単位ではなく千単位の時間が必要」である。週に 4 時間の英語の授業を中学から高校卒業まで実施するとして，理論的に年間 35 週間×週 4 時間×（3 年間＋3 年間）＝ 840 時間，これに小学校の外国語活動を加えても 1000 時間にも届かない。その分は授業外で補うしかない。教師の指導なしに**自律的に学ぶ**（**autonomous learners**）ことは中高校時代にも重要であるが，大学や社会人になってからその重要性はさらに増す。そのためには英語の授業では英語自体を教えるだけでなく，どのように英語を学ぶかという方略（学び方）も教える必要があるのである。図 14-1 の中でグレーの部分はほぼ先天的に決定されており教育によって変更が困難と考えられる要因である。この章では自律的な学習者育成のために，後天的に変更可能で，特に重要な学習動機（motivation）と学習者方略（learner strategies），自己効力感（self-efficacy）に焦点を当てて考えてみたい。

14.2　学習動機，自己効力感と英語学習

　Motivation（学習動機）とは，学習する原動力・意欲であり，学習目的と結ばれている。第 1 章でも議論したように英語を学ぶ理由はさまざまでありながら，EFL 学習環境では「コミュニケーションのツール」として英語を学ぶ意欲（道具的動機付け，instrumental motivation）が希薄になりがちである。特に，日本のような EFL 環境において英語を使う必要性を信じない学習者が多くなると CLT などを使ったコミュニケーション志向の授業は展開しにくくなる。生徒に何らかの意義を実感させる必要がある。この道具的動機付けは英語自体に興味があるのではなく，何らかの目標達成の手段として英語を学ぶことを指している。狭義としては入試や就職，会社での昇給・昇進のためといった実利的目標達成の手段として英語学習の意味を見いだす。Robert Gardner（1982）はカナダへの移民を対象とする調査研究で古典的な 2 つの動機付けとして，もう一つのタイプの統合的動機付け（integrative motivation）を提唱した。これは国際結婚やグリーンカードを取得して移民

するなど英語圏の構成員になりたいと思ったり，移民しなくとも英語圏の文
化に関心を持ち，英語の書物や映画に興味をもって英語を学ぼうとする。英
語が国際語として認知されつつある現在，**世界市民（Global Citizen）**にな
るために英語を学ぶという動機も広くこの分類に含めることができよう。

　また，AI（After Internet）の現在，EFL 環境下でも e-mail など英語によ
るコミュニケーションも珍しくなくなり，英語を母語としない者同士のコ
ミュニケーションも拡大しつつある現在，英語をコミュニケーションの道具
として学習する動機付けは増している。ただ注意しなければならないのは，
この2つの動機付けは二律背反ではなく強弱の違いはあっても学習者の中に
共存すること，また全ての動機付けをこの2つで説明しきれないことである。
あくまでも考えやすいようにラベル付けをしていることを肝に銘ずる必要が
ある（Lightbown & Spada, 2013）。

　一方，見方を変えるなら道具的動機付けは，外発的動機付け（デシ，
1999）と関連づけることができる。外発的動機付け（extrinsic motivation）
とは親，先生，会社や社会からの圧力，期待などの外的要因が目標を達成
するための手段となっているもので，それらを内在化した入試，報酬，他
者から認知への期待も含まれる[47]。一方，外発的に対する**内発的動機付け
（intrinsic motivation）**とは，学習が分かって面白い，できるから嬉しい，
また英語が好きだから英語を学ぶといった学習そのものから得られる根源的
な喜びを指す。登山家は利害ではなく「そこに山があるから」山に登るとい
うが，このような純粋な気持ちは人間のどの活動にも当てはめることができ
る。入試や TOEIC などの資格やテストのためでなく「真・善・美」（遠山啓，
1976）という生まれながらにしてひとがもつ価値観に起因するものであり，
内発的動機づけは持続性があり英語学習を息長く支える。

　学習者はもともと英語学習に興味を持っている場合もあるが，学習の結果，
内発的動機付けが生まれるケース（結果的動機付け，resultative motivation）

47　除去することのできる具体的な外的要因があるかないかが分類の決め手であ
　る。

も見逃せない。スピーチなどのパフォーマンス課題で成功すると結果的動機づけも高まるが，同時に，Can-do リストのように例えば「短いスピーチをグループですることができる」「分からない時に聞き返すことが出来る」といった個別のタスクに関する自信，すなわち**自己効力感**（**self-efficacy**）も高まる。これは，さらに内発的動機付けを強化するという好循環を生む（virtuous cycle）。

　一方，もともと英語学習に興味が湧かない状態（amotivation）の学習者は教室内に存在するのは事実であるし，先生からの英語の質問に答えられないとかパフォーマンス課題の失敗は自己効力感を低くし，容易に動機を失う状態（demotivation）を生み出す。ライティングやスピーキングを中心とするパフォーマンス課題では失敗はつきものであり，失敗のないパフォーマンスはない。特に日本のように体面（face）を気にかける文化的環境下では失敗を失敗としないような雰囲気作りとそのための教室環境作り（第11章参照）が重要である。また学習意欲を高める方略（**motivational strategies**, Dörnyei, 2001）を教師が活用して，励まし，ほめ言葉を頻繁に教室内で使用することも重要である[48]。

14.3　ストラテジーに着目するとひとりひとりに合った授業に

　学習動機が英語学習の原動力であるとすると，学習が実行される際に用いられる具体的方法が学習者方略(learner strategies, LSs)である。ディメンションによって学習活動時(語彙を覚える，英語を理解するなど)と言語活動時(英語を実際に使う活動）の二種類に分けることができるが，さらに LS の種類として4つのモード，すなわち認知的方略（cognitive strategies），コミュニケーション方略(CSs: communication strategies)，メタ認知方略(metacognitive

---

48　英語のネイティブスピーカーと比較して日本人英語教師はあまり学習者をほめないと言われている。むしろおだてるくらいほめちぎっていいのではないだろうか。おだてることから生徒は育つのである。odateru（おだてる）に s をつけると sodateru（育てる）になる（次重，2002）ように。

strategies), 情意・社会的方略 (socioaffective strategies) に分類することが
できる (Wakamoto, 2009) [49]。(図 14-2)

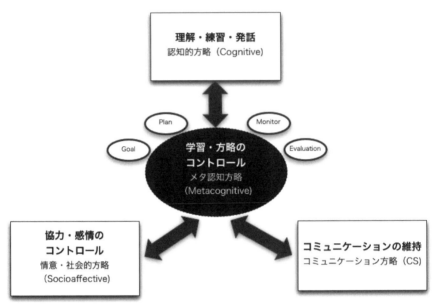

図 14-2　学習者方略のシステム

　これまでの LS 研究を通して, 4 つの方略グループの中で特に重要と考え
られているのが, メタ認知方略である。メタ (meta) とは「何かを超えた =
beyond」という意味であり (第 1 章参照), 英語の認知活動をコントロール
する。近年, 企業でも重要視されるところの **PDCA** (**Plan-Do-Check-Act**)
サイクル (計画, 実行, 評価, 改善) も同じメタ認知である。すなわち, 学
習目標を設定 (goal)・計画を立て (plan), 実行し (do), 学習状況を確認
(monitor)・自己評価 (self-evaluation) し (check), 問題点があれば修正,

49　O'Malley & Chamot (1990) はコミュニケーション方略を除外した 3 つの,
　　Oxford (1990) は記憶方略 (Memory strategies) を認知的方略から切り分け, 情意・
　　社会的方略をそれぞれ独立したものとする合計 6 つの方略体系を提唱している。

再度学習に取り組む（act）。

　学習活動のディメンションにおいて，例えば語彙を覚える場合にはいつまでにどのような方法で単語を覚えるのかという計画を立て（plan），学習に取り組み（do），その後学校の小テストを利用したり友達と問題を出し合ったりして記憶を確認・評価し（check），単語の学習方法が合っていなければ方法を修正して（act），さらに覚える工夫をする。言語活動のディメンションにおいては，例えば実際にリスニングする際には，英語を聞く前に問題文などの手がかりをもとにあらかじめ何に注目するか（例えば，場所に関する単語）を事前に考え（selective attention），英語を聞いている間には自分自身の理解の方向性が合っているか考え（self-monitoring），聞き終わった後には理解が正しいかどうか確認し（self-evaluation），うまくいかなかった場合には次回に向けて方法を修正するというサイクルをとる。成功した学習者（successful language learners）の特徴を検証すると，このメタ認知方略の効果的な組み合わせを活用していることが分かっている。

　しかし，メタ認知方略は重要ではあるが英語学習に関しての影響はあくまでも間接的であり，計画だけでは英語習得はできない。実際の英語学習は認知的方略（cognitive strategies）の利用によってなされる。cognitive とは「理解する」という意味であり，もともとは英語を理解し記憶するための方略であったが，リハーサル方略に代表されるように，効果的に英語を話す，書くも含む総合的かつ直接的な方略である。

　例えば語彙を覚えるといった学習活動においては，日本人，ひいてはアジア人英語学習者はひたすら書いたり，声に出して覚えるという機械的暗記方略（rote-memory strategies）や単語集，単語カード・ノートを多く活用するが，語彙学習にはその他にも数多くの選択肢がある。例えば，体の動きを使って英単語を覚えたり（physical action），単語の意味や音声をそのイメージと関連させて覚える方略（imagery）などである。一方，英語を実際に使う言語活動のディメンションでは学習者の特徴や文化的な背景はあまり影響しない。例えば，リーディングで成功している英語学習者は，スキミング（skimming）によって話の概略を理解し，内容スキーマ（content schema）（12 章参照）

を活性化し，背景知識の有効活用を図る。問いが事前に提示してあるテスト
のようなケースにはそれらを手掛かりにスキャニング（scanning）によって
解答を探すといったトップダウンの方略をとる。また理解が困難な部分にお
いては，文法情報や母語訳（translation）などの方略も組み合わせたボトム
アップの方略を組み合わせる。

　オーラル・コミュニケーションの場面では話を続けることが困難になるこ
とがある。そのような場合にはコミュニケーション方略（CS）を積極的に
活用することが有効である。たとえば，内容がうまく理解できなかった場合
には前後関係や相手の表情から類推（guessing）したり，自分の言いたいこ
とを英語でうまく表現できない場合には，身振り手振りを使って（gestures）
伝えたり，"Well." "Let me see." などのつなぎ言葉（fillers）を使ったりする。
これらの言語知識の不足を補う補償的方略に加えて，苦手なトピックを避
け（topic avoidance），得意なトピックに仕向け（topic replacement）[50]，相
手の言った内容の一部を繰り返したり（shadowing），"That sounds nice" な
どの返答をする（active response）などの会話維持（maintenance）方略も有
効である。CS 方略が重要なのは会話を続けている限り，有益なインプット
を継続的に得ることになり言語習得を促進するインターラクションに発展す
る可能性が高いからである。英語は授業での学習活動（**language learner**）
を基礎として，実際に英語を使いながら練習する言語活動を通して習得
（**language user**）してゆく。CS 方略は第一言語でも同様の活用をするため
ジェスチャーなどは自然に英語使用時にも活用できる部分もあるが，fillers
の使用や同義語（synonyms），遠回しの言い方（circumlocutions）は教師が
意識的に教えないと使えるようにはならない。

　一方，CLT の授業では協働学習が重要となるが，その際カギを握るの
が情意（自分自身の感情のコントロールをする）・社会的（他者を介在
させながら学ぶ）方略（socioaffective strategy）である。日本人はグルー

50　一見，「逃げ」に見えるのか，美徳に反するのか，日本人英語学習者はあまり
　　活用しない。

プ指向（collectivism）であるといわれる割には友達と一緒に勉強するの
が（cooperating with others）得意ではない（Wakamoto, 2009）。個人主義
（Individualism）といわれる北米の大学生がスタディーグループを作って互
いに競い合いながら学ぶのと対照的である[51]。特に，language user として
は間違いをおかしそうな場合にも思い切って英語を話したり（risk taking），
自分自身を励ます（self-encouragement）方略を使いながらコミュニケーショ
ンしようとする意欲（WTC）を維持する必要がある。質問をしずらい文化
的環境であるが，"Sorry?" といった内容を明確にするための質問（clarification
request）から "Do you mean ...?" といった内容確認の質問（verification
request）そして一般的な質問（asking questions）をすることは学習活動とし
ても言語活動としても重要である。

　大きく 4 つのグループに分類できる方略であるが，その数は少なく見積
もっても 50 以上は存在する。また音読（reading aloud）に代表されるよう
に日本独自の英語の練習方法も存在する。これまでの研究で分かってきてい
ることは，より成功した学習者ほど多くの方略レパートリーを持ち，眼下の
学習課題やタスクに応じて，レパートリーから適切な方略を選び出して，効
果的に組み合わせて（orchestration）利用していることである。学習者はこ
のような方略を活用しながら英語学習・言語活動に取り組んでいるからこそ，
すなわち方略使用に個人差があるからこそ，同じ教室で学んでいても個人差
は存在するといえるだろう。

　では方略使用に影響を与える要因は何であろうか。英語能力は影響するで
あろうか。方略を使用するから英語能力が高まるのではなく，英語能力が高
いからこそ成功するための方略使用が可能となる批判もある。例えば，リス
ニングにおいて母語に翻訳することを最初から全く排除して背景知識や前後

51　群れることはできるが，グループ内で競い合い本音を言い合うなどグループ
　を学習のツールとして活用できないのは，グループにおいても「出る杭」にな
　ることが出来ないためである。Individualism の文化ではグループとして，とい
　う認識が薄いため，気楽にグループを自己を成長させる踏み台として活用しや
　すい。グループ主義はグループが重要であって個人の価値を認めない。

関係から内容を類推させることは確かに困難である。語彙力やリスニング能力が高くなるにつれてこそ類推という方略が有効になる。方略が無条件で誰にでも使用可能でないかもしれない。しかし，これまでの研究で明らかになってきているのは，テスト受験中や時間的制約のある言語活動のディメンション（例えば聞き返しができないリスニング）においては，英語能力が影響する。しかし，時間的余裕のある学習活動のディメンションにおいては，成功するための方略使用には選択の幅があり，学習者の特徴，例えば男女（gender），信念（belief），学習スタイル（learner style），**学習環境**（**ESL/EFL/Hybrid context**），環境の特徴（high/low context），文化的特徴（collectivism/individualism, power distance の大・小）が影響する。すなわち，成功するための方略使用には，「これしかない」という特定の決まったものではなく，学習者要因や環境・文化に適した**自己に最適のストラテジー**（**Best-Fit Strategy, BFS**）のセットがいくつも存在すると考えてよい。

　自律的な学習者の育成を考えればより有効な方略の指導が必要であるが，どの方略でもどの時点でも教えられると考えるのは楽天的に過ぎるのかもしれない。例えば英語学習に既に困難を感じている学習者には，誰もが活用できる基本的な方略（bedrock strategies, Green & Oxford, 1995）を教えるべきだろう。リスニングであれば最初は日本語に置き換えて理解させながらも，徐々に母語を介さなくても理解するように指導したり，最初から最後まで一律に聞くのではなく大切な部分に神経を集中するよう，英語能力に応じて段階的に方略使用を切り替えるよう促す方が妥当である（Vandergrift & Goh, 2012）。

　これまで40名近くの大クラスで個々に適した授業は不可能だとされてきたが，異なる個性と学力を持った学習者が同じ内容を学習しても，それぞれが自分に適した方法で学習できるよう方略という観点から授業を個別化・再構成すれば，個々の学習者に適した授業を展開することも不可能ではない。方略が万能薬（panacea）でないことは事実であるが，大きな可能性を秘めている。方略は「学習の際，または英語を使っている際に学習者が実際に何をしていて何をしていないか」を（教師が）知る窓口としての役割も持って

いたが，この情報を元に各学習者に最も必要な方略を提示することが可能なのではないだろうか。

　たとえば，具体的には，（1）メタ認知段階：質問紙などを利用したり，小グループディスカッションして各自の方略使用の現状を認識する（メタ認知）。例えば語彙学習（暗記）の方法についてクラス内で交流してみるとよい。同じ rote-memory strategies であっても，色の使い方，また計画（メタ認知方略）や他の学習者との協力（情意・社会的方略）の方法など千差万別である。（2）個人学習ステージ：各自がこれまでの方法に加えて新たな方略を試行，試着する。その際，友達の方略を参考にしたり，教師からのアドバイスが有効である。例えば，絵やイメージを使って単語を覚える。（3）グループ学習ステージ：各自が試みている方略を交流したり，一緒に新しい方略を試したり学習・言語活動に取り組む。例えば，各自の使っている単語カードなどを持ち寄って交流する，などの三段階を意識した方略指導が可能である [52]。

　このような取り組みはまだ始まったばかりであるが，学習者方略を触媒（Catalyst）として各自の学習スタイルと能力に応じた英語の授業を作り上げることは 21 世紀型の英語教育に求められるアプローチと言えるだろう。

演習・Discussion Point
- 英語を聞いているときにどのようにして聞いているかペアで考えてみよう（think aloud）
- テストを受ける際に効果的な方法を交流してみよう（test-taking strategy）

自律的な学習者についての余白
　CALL やインターネット，タブレット，スマートフォンは今後の英語学習の方法を大きく変えていく可能性があると思います。その意味でも生徒が自宅で（塾も含めて）どのように英語学習をしているのか，先生が興味を持つことが重要だと思います。

---

[52]　様々なストラテジー・トレーニングの理論的枠組みが構想されているが，学習者の特徴に合わせ方略の発見を促すものとして Languaging（Swain, 2010）からヒントを得て実験されている Strategying（若本，2014）がある。

Further Reading

Chamot, A. U., Barnhardt, S., El-Dinary, P. B., & Robbins, J.（1999）. *The learning strategies handbook*. New York: Addison Wesley Longman.
　英語学習者方略に関して多くの本が出版されているが，このハンドブックはどこからも活用できる仕組みになっている。日本の中高校のどのステージでも応用できる優れものである。

竹内理（2003）.『より良い外国語学習法を求めて』松柏社
　自律的な学習の中核となる学習者方略について，研究の視点から実践的活用方法まで詳細かつ要点をおさえた記述が光る。授業だけでなく英語学習にも参考になる。

次章の予告：よい授業の条件について考えます。

コラム：英語の学び方は新たな可能性をひらく ⅢⅢⅢⅢⅢⅢⅢⅢⅢⅢⅢⅢⅢⅢⅢⅢⅢⅢⅢⅢⅢⅢⅢⅢⅢⅢⅢⅢ
　英語学習者が最も知りたいのは「どのようにして英語学習をすればよいか」という問いに対する答えである。この本の読者の皆さんもこれまでに何度か英語の先生に直接この質問を尋ねたことはないだろうか？残念ながらこの究極の問いに対する正解を SLA 研究はまだ完全に用意できていない。しかし，学習者方略という観点からこの問いを一緒に生徒と考えてみることは可能である。「ひとそれぞれ」と突き放してしまうのではなく，まず英語の練習方法をどのようにしているかクラスで考えてみるのはどうだろう。英語は教えても，英語の学び方について授業中に交流したり，議論したりする機会は実はこれまであまりなかったのではないだろうか？時々，ほんの5分でも話し合ってみると大きな効果を生むかも知れない。学習方法を意識しながら学習することが本当の自律的な学習者なのではないだろうか。

第 15 章　私達が目指す 21 世紀の英語の授業とは？

> 重要な問い 1：良い授業をするためには授業で何に気をつければよいのか。
> 重要な問い 2：そもそも良い授業とは何か。
>
> **Keyword:　①授業の高度化　②質の高い授業　③ Innovation**

　いよいよ最終章。ここまで学習してきて，みなさんは「どのような授業を目指すか？」自分の言葉で説明することができるだろうか。最後に「私達が目指すべき英語の授業」について考えてみよう。

15.1　よい授業をしよう

　英語教師として目指すのは，ひと言でいうなら「よい授業」という言葉に集約される。日本国中の生徒も親も英語に限らず先生にはよい授業をして欲しいと願っている。そして当の英語教師本人もまたよい授業を目指して日々奮闘している（ことになっている）。そしてこれから教壇に立とうとしているみなさんもまたその輪の中に入ろうとしている。では禅問答のようだが「良い授業」とは一体何だろう？・・・生徒の目が輝く授業，楽しい授業，楽しくないけれど英語能力が身につく授業，英語の基礎能力もしくは英語のコミュニケーション能力を育成する授業，受験に通用する授業，またはこれらの組み合わせ等々。ひょっとしたら答えは先生の数だけあるかもしれない。これは難問である。実際これまでにもそして現在も職員会議で議論されていることだろう。ひょっとしたら永遠に答えの出ない問題かもしれない。文部

科学省や教育委員会が考える良い授業と各学校で考えるもの，また学校間に
も乖離があるかもしれない。実は良い授業の定義は英語に限らず，どの教科
においても難しい。これは ATM の最上位のアプローチ，すなわち英語の授
業に対する belief（信念）に起因するものである。しかし難しいからといっ
て「良い授業は先生によって異なります。私は私のやり方で教科書を教えま
す」という自己中心的な答えでは困る。本当に困るのは生徒なのだから。

　なぜこの問いが重要でかつ難しいのだろう？これは教育の根源的矛盾に根
ざしたものだからだ。ものを生産する場合にはそのものを使うのは同時代の
人達だ。食べ物であれば何日かの間に消費される。しかし教育は異なる。先
生の何気ない一言は何年にも渡って生徒の心の中に残り，あるものは良き方
向に発展し，あるものはそうでない方向に沈殿する。しかも教える相手は教
師自身よりも長生きをする生徒である。教師が定年になった後にもこの世を
去ったあとにも日本で生き延びる後の世代を教えることになるのである。す
なわち教師が学んだことをそのまま教えるだけでは不十分なのである。現在
50 代の世代が大学生だったころにはコンピュータもインターネットも一般
にはほとんど存在していなかった。自分達がそのような教育を受けていない
からといって自身の英語の授業のなかで ICT を使わない授業では困る。実
際，生徒達は今存在しない仕事に就く可能性が高い。教師は生徒とともに成
長しなければならない，としばしば言われるが，それには教師の不十分な知
識と未熟な授業方法を補っていくという意味もあろうが，本来の意味は時代
を先取りした授業になるよう生徒と共に変化する必要がある，ことを意味す
る。常に「教師は時代のパイオニア」と自負していなければならない。「生
徒は**未来からの留学生**」（加藤，1992）なのだ。第一部のまとめにあたり良
い授業を，①高度な授業，②質の高い授業という方向性から考えてみよう。

15.2　授業の高度化：教科書を中心に

　授業の中心が教科書であることは間違いない。扱っている教材が古いなど
教科書についてはさまざまな批判があろうが，膨大な時間をかけて慎重に作

成されている。教科書「を」教えるのか，教科書「で」教えるのか，議論は分かれるがいずれにせよ，最初から教科書を「抜き」に教えることは考えない方がよい。むしろ教科書をいかに効果的に使うことができるのか，が良き授業の出発点になる。ここでは仮にこのアプローチを「授業の高度化」と呼ぶことにしよう。第 7 章（文法訳読法）で批判されたように，教科書や CD に沿ってリピートして日本語に訳して終わりではあまりにももったいない。教科書を起点に多様なテクニックとアクティビティーを**組み合わせる**ことによって授業を高度化することができる。要は組み合わせである。

a. 授業の高度化，スタートは音読から

　「英語の授業は英語で」という際にまず真っ先に取り組めるのが教科書を繰り返し読む，音読の活用である。EFL 環境下で英語コミュニケーション能力を伸長させるためにはまず音読からはじめてみたい。教師の力量（モデルリーディングに自信がなければ CD を使う）や設備に関係なく誰でもどこでも取り組みをスタートさせることができる。ただ，1 回音読をするだけではもったいない。しかし何度も漫然としていても効果が薄い（学習者の気づきがない）。これまでの章の中でも触れられてきたが，音読には多様な方法が存在する（13 章参照）。まず教師中心に一斉に音読する際に利用するのが backward build-up drill や read and look-up and say のテクニックである（第 6 章参照）。この 2 つのテクニックは組み合わせて使うのが効果的である。このような一通りの教科書の本読み（音読）が済んだら，次に取り組むのは buzz reading。これは蜜蜂がブンブンというように生徒各自が自分のペースで声に出して読むことを指す。この際，気をつけたいのは**時間を区切ること**（タイマー利用），また「例えば，2 分間でどれだけたくさん読めるか」「発音やイントネーションに気をつけて」「気持ちを込めて」など毎回異なる目標を設定することである。それが終わったら今度は立って四方読みにチャレンジしてみるとマンネリ脱出になる。四方読みとは単に起立の状態で音読をするのではなく，例えばあるページを読むことにしていて，そのページが読めたら方向を 90°右へ向いてそのページ又は次のページを読み，それが終了

したらさらに 90°方角を変えて音読を続け，丁度東西南北という 4 方向を向いて音読をするもの（鈴木・門田，2012）。なーんだ，と思うかもしれないが，小さなアイディアを積み重ねてゆくことが授業の高度化につながる[53]。生徒からすると気分が切り替わる，教員からすると音読の進み具合がよく分かるといった利点がある。毎時間取り組む必要はないが，楽しく音読を続ける一つの良き方法と考えてみるとよいだろう。ペアでおこなう pair repeating には多様なバリエーションがある。例えば，ペアで一文一文（又はパラグラフ毎）会話文であればロールプレイのように交互に読む，パートナーが適切な部分で区切って読んだものをリピートする，読む内容を cloze test などのようにブランクを空けたハンドアウトを用意し，一方は教科書を見ながら適切に補っているかどうかをペアが確認するとよい。この際教科書の**開・閉本を組み合わせる**とさらにいろいろなバリエーションを生み出すことが出来る。この他，CD のモデルをポーズをあけながら読む Repeating，CD と同時に読んでいく overlapping，追いかけながら読む shadowing など「教科書・CD・個人 - ペア - グループの組み合わせ」で生徒を飽きさせない音声中心の活動を構築できる。この音読活動の大きな利点は，①生徒に実際に英語を使う作業に取り組ませることができる，②大クラスの教師中心の授業展開の中にも一つのパーツとして組み込むことができる，③課外学習と組み合わせたり，④スピーチなどのパフォーマンス課題の準備とすることができる点である。新たな設備を導入する必要もない。もちろん生徒が自分で考えたことを英語で言っているわけではないのでアウトプットであるとかコミュニケーション活動とは呼べないだろうが，英語を見て・聞いて・発音するという作業は英語コミュニケーション能力の伸張に寄与し，授業の高度化へのショートカットとなる。

　このような音読の多様化を通した授業の高度化は「ドリル型」の授業展開である。ドリル型活動は答えが決まってる分（タスクと比較して）刺激は少ないが，確認がしやすいので学習者同士でも個人でも到達点を確認し，次の

---

[53]　英語の諺，"A little difference makes a big difference" は肝に銘じたい。

目標を設定するなど，Step by Step でスキルを身につけるには好都合である。

b. どの授業でも 1 回は英語で話す機会を

　プレゼンテーションとしては，最初から PowerPoint や Keynote を使った本格的な発表ではなく，show and tell を使って実物を用いて（ローテク）でスタートするとよい。show and tell ではグループ内又はクラス全体で自分が大切にしているものなど実物を見せながら英語で紹介する。写真でもよいがものを紹介するところが面白い。通常はメモはなしで，片手に紹介するものをもち，オーディエンスとアイコンタクトを保ちながら話す。北米の小学校では低学年から取り組まれるアクティビティーであり，本来は小学校外国語活動から発展的に取り組みたい活動である。この活動が面白いのは発表したい内容が学習者自身にある事である。加えて，1 分間スピーチのような **Small Talk** [54] をペアやグループ内で行ったりするとよい。これらはクラス全員の前でひとりひとり発表する形式も考えられようが，せいぜい 1 学期に 1 回くらいしか順番が回ってこないし，変な緊張感を生んでしまう（それが必ず悪いわけではないが）。それよりも英語を使う活動を日常的に行い，生徒に英語によるスピーチに慣れさせる方が良策である。グループの人数もできれば 4 名程度とし生徒の affective filter を下げることにも工夫したい。

c. 生徒の発話をリピート，リキャスト

　授業内で生徒に英語で発表させる機会は多くあると思われるが，その際に気をつけたいのが生徒の発話を教師がリピートしてクラス全体に聞こえるようにすることである。教師は自分が聞こえていれば満足する傾向にあるが，40 人近くが（20 人でもそうだが）他の生徒が何を言っているのかはっきり分からないことがある。教師とその生徒の間だけで済ませるのではなく，例えば，"Oh, Kenji mentioned that Da Vinci used special devices to observe

---

[54]　資料 -10 に Small Talk の例があるので練習してみよう。もちろんそのためには先生も Teacher Talk として普段の授業から英語でお話をしておく必要がある。

water falling." などと質問に対する生徒の答えをもう一度教師が繰り返す。これはシンプルだが授業の高度化にはなくてはならないものである。併せて，内容についての質問であればリキャストにより文法的に正しい英語でフィードバックすることが重要である。

d. 文法は演繹・帰納，両方の方法で

　文法項目の教え方については，こうするべきというよりは「こうはしない」という行動指針の方が重要だろう。たとえば Grammar Translation Method で典型的に行われる明示的な文法説明だけで終わらない。すなわち，説明の後にその文法項目を含む英語を実際に使う練習を含めることである（説明→練習）。または日本で伝統的な演繹的方法だけに固執しない。練習をさせてから最後にまとめるという帰納的方法は学習者のタイプによっては効果的である。最初にルールを学ぶ事に対する拒否感を持つ学習者は相当数にのぼると考えられる。逆転の発想は有効である。

15.3　質の高い授業を：実践的な高さを目指して

　「英語ができる」ようになる授業が授業の高度化であるとするなら，質の高い授業は「たのしい授業」という言い方ができるかもしれない。没頭するほどの**フロー体験**（チクセントミハイ，1996）を味わうところまではできなくとも，授業のどこかのパート，例えば英語の歌が楽しみで英語の授業が好きになったという声は聞くことが多い[55]。しかし，楽しい授業という概念をもう一歩進めて考えてみるならそれは**「誰もが参加することが出来る授業」**と定義することはできないだろうか。英語教師の（英語に限らない）最大の悩みは必ずしもクラス全員が授業に興味を示さないことが多々あることである。中学や高校で実際に教えてみると容易に納得できるであろう（塾などのアルバイトでも同じ経験はできる）。例えば映画を例に考えてみよう。よい

55　資料-12に英語の授業で使える歌の例があるので参考にしよう。

映画は全部を理解出来なくとも誰もがなにかしら楽しむことが出来るものである。質の高い授業も100％理解できなくともどの学習者にも参加できる部分がどこかしらに用意されている。そして各自の能力に応じてその能力を発揮できるよう工夫されている，それが実現できればどの生徒も授業から「落ちこぼす」（遠山啓，1976）ことなく，教師も生徒も英語の授業を楽しみにすることが出来るのではないだろうか。具体的には，PISA Key Competencyを次のように発展させることを提案したい。

図 15-1　Key Competency と質の高い授業のイメージ

a. 英語を使い，考える（Use & Think）

　リスニングやリーディングといった受容的活動（receptive activity）と比較するとライティングやスピーキングのような産出的活動（productive activity）の方が難しそうに思えるが，各自の能力に応じた活動を展開しやすくなるという利点もある。それは答えがひとつに決まっておらず，それぞれが伝えたいと思う内容を取捨選択することができるからである。また，何について発表するか相談をしたり，何度もリハーサルをするなど授業外の学習

時間が長くなる。またリスニングやスピーキングの方がライティングやリーディングよりも難しく感じるかもしれないが，個人差が少ないのはオーラルスキルである（Genesee, 1976）[56]。その意味では早い段階から個人又は協働学習を積極的に活用しながらリスニングとスピーキングを中心とした**パフォーマンス課題**を授業に導入するとよいだろう。show and tell のようなパフォーマンスからポスター発表やプレゼンテーションへと段階的に取り組ませ，最終的にはひとつのプロジェクトとして活動をまとめることが理想的である。Can-do リストを指標に，目安としては一つのユニットやレッスンの最終的なまとめとして大きめのパフォーマンス課題に取り組ませよう。いっぽう，パフォーマンス課題に二の足を踏むのは評価のためである。評価なしの課題のやりっ放しもパフォーマス課題を与えないよりははるかによいだろうが，ルーブリック（rubric）評価（第4章参照）を活用したい。ここでは**リーン・スタートアップ**（Lean Startup, リース，2012），すなわち最初は貧弱なルーブリックであっても徐々に完成度の高いものにしてゆくアプローチを取るとよい。ルーブリックを生徒と共有するなかで形成的評価を図り，一方では同僚と相談を重ねながら改訂を加えたい。最初に完璧なものをつくろうとするとなかなかパフォーマンス課題に取り組むことができない。

　英語で話したり，発表する機会は，アウトプット仮説（Swain, 1993）が説くように学習者に考え・省察するチャンスを与える。すなわち，（1）これは英語で通じるかな，と思ういわば自分の仮説を試してみようと考えたり(例えば，アンケートは英語？)，（2）英語を話すことによりできると思っていた事と実際のパフォーマンスのギャップに気づいたり，（3）そこからメタトーク（meta-talk），すなわちこれまでの学習方法について考えたり，何のために英語を学んでいるか考えたりする。このように英語を使うことにより学習者自らが考え，学習習慣を変えてゆくことは，他の Key Competency とも深く関連してくる。

56　とはいえ，即興で行う場合を除けば，原稿を用意するので多くの場合ライティングとスピーキングが合体したパフォーマンスとなる。

b.「日本人として英語を使う誇りを感じる」

　コミュニケーションの本質が情報の共有にあるように，創造性の根源は生徒同士の意見や情報のやりとりにある。発達の最近接領域（ZPD, Zone of Proximal Development, Vygotsky, 1986）が示すように生徒同士が協働学習を通して得るものは予想以上に多い。例えば，効率性を求める反応型自律（cooperative learning）においては協同するゴールや手順はすでに教師から与えられていて，その目的に向けて学習者同士が協力をする。CLT のタスクなど教室内の多くのグループ活動がここに含まれる。しかしさらに創造性を高めようとするなら，ある程度の枠組みの中で生徒同士にゴールを設定させて何をするか考えさせてみるのいいかもしれない（行動型自律，collaborative learning）。例えばグループでプレゼンテーションを考える際，日本文化を英語で紹介するという大きな枠組みだけを与えて，より自由度の高い協働学習をさせることができる。時間はかかるがグループメンバーそれぞれが異なった貢献をしながらひとつのものを作り上げる満足感が得られる。このような活動には，高度な授業により高い英語コミュニケーション能力の養成が必要であるが，必ずしも前提条件とはならない。極言するならグループの中に何名かそのような能力を持った学習者がいればよい。高い英語能力を前提条件にしてしまうとパフォーマンス課題は永久に出来ない。またそれを言い訳にするべきでもない。活動を通してここでも例えば語彙力が不足しているなど，各自にギャップを自覚させ，教師の適切なアドバイスによりさらなる学習動機に繋げることができる。そのような中でネイティブ・スピーカーのような英語でなくとも，コミュニケーション可能な（intelligible）英語を使うことを教師が積極的に評価し，国際語として英語を学ぶことの意義，日本人として英語を使うことの誇りを再認識させたい。

c.「A-ha 体験をする，なるほど！という発見をする」

　文法学習においては，カナダの研究者 Swain 博士が提唱した languaging が新たな可能性を提示している（Swain, 2010）。例えば，時制は日本人英語学習者の急所のひとつであるが「過去形，現在形，現在完了形」のそれぞれ

の違いをペアで相談しながら考えさせる。通常は教師の説明を受けて練習を
するという形式であるが，自分達で互いにその説明をするように仕向けて
みる。自分達の言葉で語ることによりその文法項目についての理解が深ま
る，と同時に学習者自身の中に文法を内在化し，活用しやすくなる。その
他，be動詞と一般動詞の疑問文の作り方の相違やどの母語話者にも習得が
遅いと報告される三人称単数現在の s（Lightbown & Spada, 2013 など）や
日本人英語学習者が特に苦手とする冠詞（Hakuta, 1976）の使用法につい
て languaging をさせてみるといいだろう。この languaging と Focus on Form
（FonF）や従来型の明示的な文法指導（Focus on Forms, FonFs）を組み合わ
せることにより実践的な文法知識を学習者に与えることができる。そのよう
な中でこれまでは教師からの説明では思わなかった「A-ha!」すなわち，「な
るほど！」と思える経験をすることができるかもしれない。

　同様のことは英語学習法についても当てはまる。「どのようにして英語学
習をすればよいか」という学習方法についての疑問はどの段階にあっても学
習者の頭から消えることはない。従来この部分は学習者任せになってしまっ
ている。どのようにしてリスニングの勉強をしたらいいか，英語読解力を高
めるにはどのような学習方法をとればよいかなど，学習者同士で**学習方法に
ついてディスカッション**（strategying）[57] を行ってみることは有益である。
特に，語彙については従来，単語（小）テストをペースメーカーに学習者に
単語の記憶を促進し定期的に確認作業をすすめることが一般的であった。方
法として間違っていないが，単語学習自体を授業外自主学習というブラック
ボックスに任せてしまっていいだろうか。もちろん単語テストで得点の低い
ものは個人の努力に問題があると言うのは容易だ。しかし一歩踏み込んだ指
導を考えてみたい。例えば，日本人英語学習者の単語の記憶方略としてはひ
たすら書いて，読んで覚えるという rote-memory が圧倒的である。果たし
てこの機械的ストラテジーはどの学習者にも合った方法なのだろうか（漢字
の書き取りの名残という説もある）。どのような単語の覚え方をしているの

57　ストラテジーイング（Strategying, 若本, 2014）
58　資料-8 に，試案として作成された「豊かな授業チェックリスト」が掲載され
　　ているので確認してみよう。

か，学習方法の交流をしてみてはどうだろう。画一的にみえても，どのような色のペンを使って覚えているか，歩きながら，絵を描いて，体を使って，寝る前に覚えるなど，十人十色でそれぞれが工夫している方略が垣間見えてくる。このような交流の中で「なるほど」と思える経験があれば，もっと英語の学習をしてみようとする自律性は自然に備わってくることだろう。

　よい英語の授業とは？という問いには，「高度な授業」または「質の高い授業」がその解答となるであろう。そして目指すのは「高度で・質の高い授業」である。これは，生徒も教師も「高いレベルで，楽しむことのできる豊かな授業」と言いかえることができるかもしれない[58]。ゴールは高く険しいが，豊かな授業を創造しようとする志を持ち続ける限りいつの日にかそのような授業を展開することができる英語教師に成長出来ることであろう。

図 15-2　高度な，質の高い，豊かな授業のイメージ

演習・Discussion Point
- 模擬授業を題材にルーブリック（資料 -9 参照）のサンプルを改訂してみよう。
- 「英単語の覚え方」について Strategying の練習をペアで体験してみよう。

未来の教師についての余白

　英語の授業を通して何を目指すか，学習指導要領だけにとらわれないで広い視点から考えながら自分の授業で少しずつ実践するところに大きな可能性があるように思います。新しい時代の英語の授業は案外若い世代の教師によって作られるのではないでしょうか。Think globally, Act locally. まず目の前の学習者の英語コミュニケーション能力を伸張する方法を実際に実践してみましょう。

Further Reading

ウィギンズ, G., & マクタイ, J. (2012).『理解をもたらすカリキュラム設計―「逆向き設計」の理論と方法』（西岡加名恵 訳）日本標準
　授業で最も重要なポイントを中心に授業を組み立てる，しかも評価を出発点として授業を考えるという逆向き設計の発想を本書は提示している。固定概念にとらわれない考え方の練習に最適。
遠山啓（1976）.『競争原理を超えて―ひとりひとりを生かす教育』. 太郎次郎社
　遠山は算数教育を研究していたが，教師の成長に役立つ情報に溢れている。特に，ワクワクする授業のありかた，点数至上主義に陥らないようにという遠山の警告，そして教育は何のためにあるべきなのかを通して，英語教育の原点に立ち返ることができる名著。

コラム：教えられなかったように教えよう

　現在当たり前になっている ICT を利用した英語の授業も，何年か経てば古い教え方となってしまうかもしれない。近年の教育界は 10 年単位ではなく数年単位で変化している。その意味では，固定観念に囚われた英語の教え方，このように習ったからこのように教える（カエルの子はカエル）または自分の教え方を確立したからもう新しいアイディアは不要だというアプローチは間違っている。教え方を常に刷新・変革してゆく必要がある。一方，このような変革の時代であっても変わらない部分がある。それは学習者と教師の信頼関係。Rapport とは信頼関係を表す言葉だが，どの教授法を利用するにせよ，教師と生徒の Rapport，生徒同士の Rapport があってこそ高度で質の高い授業が達成できる。魂の抜けた授業には未来はない。これから教師になってゆく未来の教師にとって，生徒の気持ちを理解し，意欲と学習動機を高め，生徒の心をつかむ姿勢は不可欠な資質となるだろう。

第 2 部　教育実習，英語の授業に
　　　すぐに役に立つ資料編 15

資料-1 レッスンプランの書き方

英語科学習指導案の書き方 10 項目
10 Elements of Lesson/Teaching plan

- 学習指導案（Lesson plan/Teaching plan）※学習指導案と表記するが，実際には「**授業・学習デザイン案**」という意識を持ちたい。
- 指導教諭（Advisor）（印鑑）
- 教育実習生（Student teacher）/ 授業者（Student teacher）（印鑑）※自分の印鑑を先に押してから指導教官に押してもらう

① **対象：学年・組（Grade, Class）**
② **日時（Date, Period）**：20XX 年 X 月 X 日 X 時間目（教育実習では，該当の時間を書く。実際には，毎回の授業で書くよりは，単元共通とする方がいいだろう。その場合，何時間配当するか，いつからいつまで教えるかの期間を書く）。
③ **教室（Classroom）**：3 年 1 組教室，LL/CALL 教室，視聴覚教室，等
④ **単元（Textbook）**：※教科書名は本のタイトルなのでイタリックにする
⑤ **教材観と評価の観点（題材について）（Content of this lesson and evaluation criteria/unit; How you recognize the materials）**：
  1) 教材の内容自体はどのようなものか（例えば，アメリカの日常生活を扱ったもの／映画のひとこま等）について文章で記載する。言語の Function（感謝する，道を尋ねる，断るなど）や言語使用場面（空港で，駅で，ALT の先生）などが明確な場合には触れる。
  2) 言語材料（箇条書きで重要なものの具体例を簡略に提示）
    (a) Pronunciation
    (b) Grammar / Sentences / Sentence patterns
    (c) Words and idioms
    (d) Letters /Punctuation
  3) Teaching Strategies（この授業で使う教え方をいくつか提示）
  4) Learner Strategies（この授業で教えるストラテジーをいくつか提示）
  5) Warm-Up（授業のつかみについてのアイディアをいくつか提示）
  6) Evaluation Criteria（観点別に，目標を 1 つずつ設定する）
    (a) 知識・技能 (Knowledge and Skills) →言語材料（音声・語彙・文法・文字），言語機能・文化背景知識，4 Skills (Listening, Reading, Speaking, Writing)
    (b) 思考・判断・表現 (Thinking, Decision Making, and Expressions) →コミュニケーション活動（タスク，ディスカッション，ディベートなど），やりとり (Speaking)
    (c) 主体的に学習に取り組む態度 (Positive Attitude Toward Learning) →国際語としての英語を積極的に学び，使う態度

⑥　**生徒の実態（生徒観）（Characteristics of students）：**

⒜　英語に対する学年の取り組み

⒝　英語に対するクラスの状況（クラス全般として全体的に）。英語の授業に対する学習者の様子（個々人に焦点をあてて，学習者要因から）についても触れる（Motivation や Attitude，Rapport，Cooperation）

⑦　**授業計画（Time allotment and evaluation criteria）：**

1）　大まかな学習内容の提示（ページ数なども）

2）　その授業で取り扱う主たるスキル（Listening, Speech, Interaction, Reading, Grammar, Vocabulary, Pronunciation）

3）　各授業の目標（1 つに絞る）

4）　評価の観点と評価規準（評価場面・方法）の提示

5）　家庭学習の計画

　　　※該当の時間だけでなく，そのユニット全体の指導計画を示す。教育実習では，該当時は（本時）と明記する。

⑧　**目標達成のための工夫（Tactics to achieve the goal）：**

　　　※目標を達成するための教師の支援方法，授業の工夫を具体的に述べる。

⑨　**教材・教具（Materials/ Teaching aids）：**

　　　※目的に合わせ多様な教具を利用する工夫をしよう。

⑩　**本時の展開（Teaching procedure）：**

　　　※ここからは罫線を使い，Excel で作成すると効率的である。Word で作成してもよい。

　　　※ Procedure as a teaching assist という意識で作成しよう。

　　　冒頭に「本時の目標を⑦の 3 からコピーする」

一般的な授業の流れ

1.　挨拶（Greeting）

2.　ウォームアップ（Warm-ups）

3.　復習（Review）

4.　新教材の導入（Introduction to new materials）

5.　発展・展開（Development）

6.　まとめ（Consolidation & Greeting）

必要な項目

- 時間配分（Time）→分刻みの細かい時間配分を明記（45 分間の計画＋ 5 分間）
  ※ 50 分授業なら 45 分で授業を計画し，5 分程度時間を余らせてはどうか？
  →「余った時間の活用欄」
- 過程（Procedure）→上記の授業の流れに沿う。
- 生徒の活動（学習内容）（Learners' activities）→具体的な学習活動内容
- 「！」：その活動の重要度を◎，△などで表記。又は授業後に「実施したかどうか」を自分でマークを決めておいて記入してもよい（e.g., ✔ など）。自由に活用。

- 教師の支援・評価の観点（Teaching activities & Evaluation criteria）：欄が狭いので必要なもののみ記載する
  - ✓ 具体的な教授活動内容
  - ✓ 評価の観点・評価の方法を簡潔に実現可能なものを書く（□で囲み強調する），**基本的には「1時間に1つ」**
    ※評価を組み込んだ授業をデザインしよう。
- 学習形態・教具・特記事項（Key points）
  - ✓ 学習形態（Organization of activities）→個別，ペア，一斉など
  - ✓ 教材・教具・資料など（Teaching Aids）
    - ◆ 黒板・チョーク／ホワイトボード・マジック，CD・DVD player / VCR / DVD，実物・模型・写真，フラッシュカード（FC）／ ピクチャーカード（PC），OHP（Over Head Projector）/ OHC（Over Head Camera）など。
- 英語使用率（English-use ratio）
  - ✓ 生徒，教員の英語使用率（目標）を大体でよいので書く
- 余った時間の活用（Extra time）
  - ✓ 余った時間をどう活用するか記入する。例えば，お帰り問題（ワークブックなどで，できた生徒から帰ってよいとする）。授業は**5分余分に残して**計画を立てる（50分授業なら45分で計画する）。
- リンク（Links）
  - ✓ この授業と他の授業又は英語の授業との関連性について示す。ニュースなどへのリンクでもよい。
- 授業コメント（Reflection of this class）
  - ✓ 授業後に簡単なコメントを記入する（成功点，失敗点など）。授業リフレクションを積み重ねることが授業改善への最短の道。
- 板書計画（Items written on the blackboard）
  - ✓ 授業中にどのような板書をする予定なのかを明記する。
  - ✓ 「黒板1」「黒板2」のように分けて記載する。
  - ✓ 黄色や赤を遣う部分は，色を変えたりラインマーカーまたは太字などで表示する。
  - ✓ この部分は手書きでよい。

（参考）学習活動と言語活動について

学習活動 （Learning activities）	単語，文型，文法事項を理解し，覚える活動（使用言語：日本語）
言語活動 （Language activities）	実際に書く，聞く，話す，読むという実際の言語使用につながる総合的な活動（使用言語：英語）

（参考）外国語の評価の観点及びその趣旨（中学校：文部科学省，2019）

観点	趣旨
知識・技能	・外国語の音声や語彙，表現，文法，言語の働きなどを理解している。 ・外国語の音声や語彙，表現，文法，言語の働きなどの知識を，聞くこと，読むこと，話すこと，書くことによる実際のコミュニケーションにおいて活用できる技能を身に付けている。
思考・判断・表現	コミュニケーションを行う目的や場面，状況などに応じて，日常的な話題や社会的な話題について，外国語で簡単な情報や考えなどを理解したり，これらを活用して表現したり伝え合ったりしている。
主体的に学習に取り組む態度	外国語の背景にある文化に対する理解を深め，聞き手，読み手，話し手，書き手に配慮しながら，主体的に外国語を用いてコミュニケーションを図ろうとしている。

（このレッスンプランは京都大学における「英語科教育法 2」（2009 年～ 2017 年）での議論を発展させたものです）

資料 - 2　レッスンプラン（実例：日本語）

英語科学習指導案

指導教諭:　　　　　　　　　先生　㊞
教育実習生:　　　　　　　　　　　　㊞

1. 対象: 京都市立御所高等学校　1年3組　男子20名、女子20名、合計40名
2. 日時: 2018年11月12日（月）～20日（火）（計6時間）
3. 教室: 1年3組教室（北棟2F）、CALL教室（11/13）
4. 単元: Lesson 6 "Living with Chimpanzees"（*Crown English Series I: New Edition*）
5. 教材観と評価の観点

　　LESSON 6 では、チンパンジーと環境のありかたを通して、人類が今後どのように、互いにそして環境と共存することができるか、イギリスの環境研究者である Dr. Jane Goodall を通して考える。チンパンジーが自分たちの身近な話題につながってくるところが興味深く、イギリスの環境研究者である Jane の生き方も面白い。文法的には時制の一致について理解するだけでなく習熟できるようドリルを繰り返したい。また重要な新出語彙があるのでいくつかの単語に焦点を当てじっくりとその意味や派生語や Word Family についても理解させたい。このレッスンをまとめとしてこの Jane の単元を単なるお話ではなく自分の身の回りで具体的にどのような活動ができるのか、生徒一人一人の生活にリンクして考えさせたい。またアフリカ、環境、動物などについての背景知識についても関心を持たせたい。できれば、地歴や生物などの他教科とも連携を図りたい。

言語材料		Teaching Strategies	Learner Strategies	Warm-up
発音	ストレスの位置で間違えやすいもの（e.g., besides, pattern, complex）	Backward Build-up Drills	スキミングとスキャンニングの練習	アナグラムなどの Word Game を使いながら、この Lesson 6 の重要語句を復習
語彙	5個の重要語句（中でも、share～with…は重要）	Plus-One Activities	コンテント・スキーマを利用した類推ストラテジーの利用	
文法	時制の一致（I knew you were studying Japanese.）			Show and tell: 自分の好きな文房具
文字記号	& (ampersand)、インデント			Teacher Talk のトピック: about weekends, favorite movies

観点別評価

	知識・技能	思考・判断・表現	主体的に学習に取り組む態度
単元の評価規準	• 諸解ストラテジーを利用し、英語の長文を理解できるようにする。 • 正確な発音・適度な音量で教科書をペアで読むことができる。 • 仮定法過去を文法的に理解する。	• 過去を振り返りながら自分の将来の夢について話すことができる（時制の一致を活用することができる）。 • 友だちの話す将来の夢について質問や議論をすることができる（やりとり）。 • Dr. Jane Goodallについてのエッセイを書くことができる（100 words）。	• Jane の人生を通して、動物と人間の共生、環境の重要性を再認識し、自分の考えを英語で表現しようとする関心・意欲を持つことができる。 • 自分自身で関連する環境問題に関するニュースを探して読むことができる。

6. 生徒観（学年・クラス）及びその対応

本学年では、毎朝の単語学習（朝学習）に各クラスで取り組んでいることもあり、基本的な学習習慣とかなりの語彙力を生徒が身につけてきている。授業では、この学習プリントを Warm-Up に利用することによりスムーズに授業内容に全員が集中出来るようになってきた。また、「言語や文化に対する関心」を高めるために、英語の歌を4月より授業で歌ってきた取り組みの効果も大きい。

この**クラス**（1年3組）の課題は、授業態度を向上させる点にある。1割の生徒は落ち着きがなく集中力に欠け、私語が見られる場面がある。塾に通っている生徒はクラスの約半数あり、このような生徒の中には学校の授業に集中しない生徒もいる。また、学習達成度に大きな個人差が見られるようになってきている。個人ノート指導や個別面談などを通して英語学習方法の指導も行っているが、まだ十二分に成果があがっているとは言えない。ただし、特に、聞く・話すといったスキルに焦点を当てたコミュニケーション活動では、男女の境なくペア・グループ活動に積極的に参加することができており、クラス全体としての意欲は高い。学年で取り組んでいる語彙力の定着を基礎に読む・書くといったスキルの定着も計りたい。

7. Lesson 6 授業計画 (6時間配当)

日程	学習内容	主たるスキル	達成目標（1つ）	評価規準・方法	家庭学習計画
11/12 (本時)	Lesson 6全体: 背景知識・Lesson の全体像をトップダウン的に理解する。（教科書内容に関する T-F テスト）	R	スキャニングとスキミングを使い分ける	スキミングとスキャニングのストラテジーが使える（自己評価表）	NHK英語ニュースを5分間聞く
11/13 CALL 教室	pp. 90-94: 音読練習、リスニング練習	L	教科書の本文を全員が読む	正確な発音・適度な音量で教科書をペアで読むことができる（教科書付属CD リスニングテスト）	新出語彙を辞書で調べる
11/15 CALL 教室	pp. 94-98: Plus-one、アクティビティー	S （発）	過去を振り返りながら自分の夢について2文以上の英語を話す	教科書の本文の内容をもとにして、自分の考えを積極的に英語で話そうとする（ルーブリック）	教科書 pp. 90-94 の音読練習
11/16	pp. 94-98: Plus-one、グループワーク	S （や）	話した内容について互いに質問をして答える	友だちに質問をしたり、議論することができる。（ルーブリック）	Dr. Jane Goodall について3件、Web検索をする
11/19	Lesson 6全体で重要な文法項目の確認と活用	G	時制の一致（e.g., I knew you were studying Japanese.）を文法的に理解する	時制の一致について理解できる（文法練習問題）	ワークブック（Lesson 6）
11/20	Jane の生き方についての英語エッセイ及びミニディスカッション	W	教科書で学んだことを参考に、英語で自分の考えを書こうとする	限られた語彙でも自分の考えを英語で表現できる（表現ルーブリック）	Dr. Jane Goodall についてのエッセイ（100 words）

8. 目標達成のための Tactics（起こりうる問題に対する対策）

- 机間支援を通して、生徒をはげまし・ほめる。
- 場面によりバックグランドに軽快な音楽を流し、リラックスした雰囲気を作る。
- コミュニケーション・ストラテジーを使っていたらほめる。
- ルーブリック（コミュニケーション・ストラテジー用）を事前に生徒に提示し共有する。
- 家庭学習の効果を上げる為に、授業中すべきことと家庭ですべきことを分けてみる。

9. 教材・教具: 教科書、電子黒板、ハンドアウト（English Songs/読解ハンドアウト）、Flash Cards (FCs)、教科書CD、トランプ、タイマー、マグネット、ベル、iPhone、Bluetooth スピーカー

10. 本時の展開（11/12）

★本時の目標：スキャニングとスキミングを使い分けられるようにする

過程 （時間配分）	!	生徒の活動 （学習内容）	教師の支援・ 評価の観点	学習形態・教具・特記事項
Greeting (3)		英語であいさつをする。	英語であいさつをする。ワンパターンの挨拶にならないようにいくつかのバリエーションを加える。	全員を起立させる。授業規律を維持(英)
Small Talk (5)	◎	① 教師の Small Talk (Teacher Talk) を聞く。②聞いた内容に関して、自分の意見を述べる。	①環境・チンパンジー・共存をキーワードに、学習者が興味が持てる内容の話を1分間する。②発言を促すように机間支援。	一斉 内容に関する PC を提示(英)
Vocabulary Test (5)		①前時の単語テストを受ける。②次回の単語テストの範囲の読みを教師の後に続いて練習する	生徒に小テストを受けさせる。①机間巡視をして生徒の様子を確認する。・単語テストを相互採点して、各自の達成度を認識させる。60％未満の生徒には学習時間を増やすことを指示する。②次回の単語テストの読みをモデルとして読み、復唱させる。	個別・ペア 小テスト・タイマー
Listening & Pair Activities (7)	△	① Lesson 6 全体の CD を聞く（トラック No. 3-2, 3-3, 3-5）。②ペアで内容についてわかったことを交互に話す。③教師からの prompt にあわせて、自分たちのわかったところを英語で発表する。	ペアに分ける。ペアの組み方は、トランプで決める。 ②③机間指導をして、生徒の話し合いをサポートする。 ・この単元で学ぶポイントを認識させる。	ペア活動 CD プレイヤー トランプ(英)

Pronunciation Practice (3)	①新出語句の発音を確認する。②教師に続いて復唱する。	① FC を使って，新出語句の発音練習を行う。意味の確認は PC でおこない，日本語を提示しない。②新出単語をモデルとして読み，復唱させる。	Look-up PC（英）
Plus-One Dialogue (15)	①自分の意見を本文の話の続きとして言うために，言いたいことをアイディアマップとして作ってみる。②アイディアマップをもとにペアで Plus-One Dialogue として英語で言ってみる。③口頭発表させる。	①②生徒に口頭での自己表現能力を高めさせる。そのために英語で互いに話をさせる。不安を軽減させるために，a) BGM を流す，b) ペアで話をさせる。③指名しないで，ボランティアを募る。 評価：聞き返しのストラテジーを使いながら英語で積極的に発言しようとしているか（ルーブリック）	ペア活動 指名の方法を工夫．ストラテジールーブリック，1-2 班の評価（英・日）
Writing practice (5)	④言った内容を英語で書いてみる。(3-2-1)	④各自の考えを書かせた B5 用紙を黒板に書かせる（評価をした班のみ）。・時制の一致に関する英語があれば指摘する。英語のミスよりは，書いた，という観点からコメントする。	個別・ペア B5 用紙（英・日）
Consolidation & Greeting (2)	あいさつをする。	課題を提示する。英語であいさつをする。	（英・日）
英語使用率	30%	50%	
余った時間の活用（5分間）	時間が余れば，ワークブック		
リンク	地歴でこの授業に関連した学習をしていないか？		

授業コメント（授業後に簡単なコメントを記入）	
板書計画（必要であれば，板書 2，3 も作成，手書きで OK）	

資料-3　レッスンプラン（実例：英語）

English Lesson Plan

Advisor: _____

Student teacher: _____

1. Grade Class: Second grade, Imadegawa Junior High School, Kyoto City

2. Date, Period: November 12-15, 2018 (4 periods in total)

3. Classroom: 2-1

4. Textbook: *Sunshine English Course 2*, Program 8 "Our School Life"

5. Content of this unit / lesson (Program 8)

In this unit (Program 8), the main topic is club activities. The students in the story are going to make a video introducing Japanese junior high schools to foreign people. The difference between soft and normal tennis, and the chorus club's activities, are the main topics introduced. The learners will be expected to introduce their own club activities at the end of this unit.

Language elements		Teaching strategies	Learner strategies	Warm-up
Pronunciation	Sound transitions such as linking/ liaison, elision, and assimilation (e.g., speak‿about‿the, types‿of)	Backward Build-up Drills Plus-one Activities	Communication strategies (e.g., asking to repeat, to speak louder, or to re-word) Guessing the meaning	Jazz chants: Greetings Show and Tell: Tools used in club activities Teacher Talk: Teacher's personal experiences with club activities
Vocabulary	Ten important new words, vocabulary of school activities (e.g. chorus contest, field day, and proper nouns (e.g., London, Rome)			

Grammar	Comparatives, superlatives, the use of "as …as," and the alternative question "Which is ∼ , A or B?" (e.g., "Is Mary older than Yuki?")			
Punctuation	Use of the comma preceding "A or B?" (e.g., "Which is larger, a soft tennis ball or a normal tennis ball?") Use of the colon (e.g., Today I'd like to show you two types of tennis: normal tennis and soft tennis.)			

Evaluation criteria

Knowledge and Skills	Thinking, Decision Making, and Expressions	Positive Attitude Toward Learning
· Know the meaning and usage of comparatives and superlatives. · Understand the passages that include comparatives and superlatives (listening & reading). · Express students' own ideas by using superlatives (speaking & writing).	· Make original quizzes using comparatives and superlatives. · Exchange ideas with peers by using superlatives (interaction). · Write an essay comparing school life in Japan and the U.S. after having discussions with peers (expressions).	· Compare and contrast school life in Japan and the U.S. (or other countries) and describe similarities and differences. · Have the willingness to express one's own ideas by using comparatives and superlatives.

6. Student characteristics

Warm-up activities (such as jazz chants) and classroom English are introduced in every class, so students are accustomed to responding and participating—both as individuals, and in pairs or groups. There is no problem with attitudes toward learning. However, most of the students attend cram schools, and have already learned many of the grammar points being newly introduced in class. Considering this situation, the challenge is to involve these advanced students in the class activities, while not progressing too rapidly for those students who do not attend cram schools. In addition, students' concentration tends to fade midway through class—a situation that should be taken into consideration in the lesson plan.

7. Time allotment and evaluation criteria (4 periods)

Date	Study contents	Target Skill	Study goals	Evaluation criteria	Assignment
11/12	·Textbook: Program 8-1　"Video project and tennis"　By presenting pictures of Japanese athletes, teacher introduces new language of comparatives. (e.g., "Player A is **stronger** than Player B." "Player C is **faster** than Player D.")	R	·To understand comparatives.	·Ability to use correct grammatical structures and vocabulary to make comparisons.	·Make five original quizzes using comparatives.
11/13 Today	·Textbook: Program 8-2　"Soft tennis and normal tennis"　By presenting pictures of Japanese athletes, teacher introduces and models expressions using superlatives. (e.g., The Japanese female soft ball team is the **strongest** in the world. Mr. Kitajima is the **fastest** swimmer in the world.)　·Quizzes for comparatives.	L	·To understand the superlatives.	·Making sentences using superlatives.	·Make five original quizzes using superlatives.

11/14	・Textbook: Program 8-3 "Chorus club introduction" By using real objects (such as a ruler and abacus) or picture cards, the teacher introduces use of the expression "as ⋯ as ～ ." (e.g., "This ruler is as long as this abacus.") ・Quizzes for superlatives.	S	・To understand the expression "as ⋯ as ～ ." ・To form sentences using the expression "as ⋯ as ～ ."	・Using the expression "as ⋯ as ～ " to communicate information and personal opinions.	・For students to introduce their own clubs, making use of comparatives, superlatives, particularly the expression "as ⋯ as ～ ."
11/15	Students make group presentations about their club activities. Group members are changed repeatedly, so as to practice introductions several times. Lastly, some students volunteer to present to entire class.	W	・To be able to talk about club activities in English.	・To explain club activities using comparatives and super-latives.	・Write club activity introduction.

8. Tactics to achieve the goals

- Using photos and charts to help students experience making comparisons in true-to-life situations.
- Using background music to create a comfortable atmosphere for students to perform tasks.
- Using pair work to give students more opportunities to speak.
- Assigning homework to provide students with a chance to review what they learned in class and prepare for the next class activity.

9. Materials/Teaching aids: the textbook, handouts (jazz chants, photos, athletes' heights chart), flash cards, a CD player

10. Teaching procedure (11/13) : Today's goal: To have students understand the superlatives and know about skimming

Procedure / Time (min.)	!	Learners' activities	Teacher's support / (˃) Evaluation criteria	Activity organization/ Teaching aids (TA)/ Remarks
Greeting (1)		General greeting and additional questions. Example "Good afternoon, everyone." "How are you?" "How's the weather today?" "Who is absent today?"	Give students general greeting and additional questions. ˃Check attention and readiness for study. ˃Have students use English for actual communication.	Whole class & individuals.
Warm-up (3)	○	**Jazz chants** From "Small Talk," one chant is chosen for singing aloud. Example Small Talk 1: GREETINGS	The same chant has been used for two weeks. Students sing it at the beginning of every class, learning important expressions and natural English rhythm through the chants. ˃Make sure students enjoy singing.	Whole class TA: Handouts & CD player.
Review (5)		**1) Comparatives** By using pictures of Japanese athletes, students practice forming sentences, such as "Player A is stronger than Player B," or "Player C is faster than Player D."	Make sure that students understand comparatives learnt in previous class. ˃Check understanding of comparatives.	Whole class TA: Photos of Olympic athletes.

		2) Quiz (Comparatives) By using questions made in their assignments, students ask questions of each other in pairs.	Make sure that students can use the alternative question, "Which is ～ , A or B?" and answer properly using comparatives. ›Check students' progress by walking around classroom.	Pairs
Introduction to new grammar points (5)		**Introduction to superlatives:** By using a heights chart for Japanese soccer players, students compare two athletes and make sentences using comparatives. Next, students learn example sentences for	Show different usages for comparatives and superlatives. Draw attention to suffixes, such as "-er" and "-est." ›Check understanding of sentences using superlatives.	Whole class / pairs TA: Heights chart for Japanese soccer players.
		superlatives, such as "Player A is the tallest on the team," or "Player B is the shortest on the team." Moreover, students learn sentences such as "The Japanese female (women's) soft ball team is the strongest in the world," or "Mr. Kitajima is the fastest swimmer in the world." **In pairs, make sentences using chart.**	**Evaluation: Make sentences using superlatives.**	
Introduction to now vocabulary (3)		**1) New Vocabulary** Students learn new words and phrases, and confirm meanings and pronunciation. In addition, they pay attention to comparatives and superlatives.	Show model pronunciation and meanings using flash cards. ›Check students' understanding of new words and phrases. ›Ask students to repeat aloud.	Whole class TA: Flash cards

(2)		**2) Look for comparatives and superlatives (Listening)** With textbooks closed, students listen to CD and write down comparatives and superlatives. After, teacher asks students how many words they caught.	Have students listen for comparatives and superlatives without looking at textbooks. Have students try to catch words not with their eyes, but with their ears. ‣Encourage students to find more comparative and superlative forms.	Individual TA: CD player
(3)		**3) Look for comparatives and superlatives (Reading)** While reading textbooks silently, students circle comparatives and superlatives. → Answer check	After listening to CD, students can check the words by reading the text. This will ensure that they pay attention primarily to word form.	Individual TA: CD player
Read aloud (9)		Students practice various reading strategies. 1) model reading × 2 2) chorus reading × 2 3) buzz reading × 1 4) individual reading × 3 5) read and lookup × 2	Make sure that students read and think about meaning. By using various reading strategies, they will become familiar with the text.　Use phrase-by-phrase reading or backward building if students encounter difficulties.	Whole class & individuals

Compre-hension check (10)	○	Students write answers in their notebooks after teacher has questioned them on the content of the text. After checking answers in pairs, teacher continues questioning, and checks answers. Example 1）What team does Takeshi belong to? 2）Which is lighter, a soft tennis ball or normal tennis ball? 3）Does Takeshi use both faces of his racket?	Ask questions to check students' understanding of the text. If wh-questions are difficult, change to Yes-No questions. At first, let students check answers in pairs. After, ask some students to share answers with class. This opportunity will build confidence for speaking in front of classmates. Questions can be written beforehand.	Pairs & individuals
Consoli-dation (2)		**1) Summary** Students listen to summary of grammatical points (comparative and superlative) and confirm meaning of story from textbook.	Though superlatives are the main point, comparatives are also mentioned for students to recall the point. Retell story to confirm meaning. (Tennis club introduction).	Class
(1)		**2) Assignment** Students are asked to make five original quizzes, forming questions using superlatives.	Quizzes should incorporate more than just text, making use of pictures. By being asked to create original questions, students are expected to acquire the superlative and to understand proper usage in true-to-life situations.	Class
Greeting (1)		Greeting in English.		Class
English use		30%	50%	
Extra five minutes				
Comments				

Plan for use of blackboard		1) 2)	

資料 - 4　すぐに使える Classroom English 表現集

Part A: English lessons from start to finish

Starting the Lesson
- Today we will learn about ...
- Who is absent today?
- Today we'll have a quiz.
- Let us pray.

Routines
- Please open your textbook to page 40.
- Close your textbook.
- Turn the page.（or Let's look at/go on to the next page.）
- Ready, set, go!

- Now you will do ...
- Next what I want to do is ...（or want you to do is...）
- Okay, everyone ...
- Let's try it!

- Put away your textbook.
- Clear off your desktop.
- Fold your paper in half.
- Please underline this phrase.

- Come to the front of the class.
- Go back to your seat.

- When you finish, please stand up.（or please raise your hand.）
- When you finish, check your answers once again.
- What's the meaning of ...?（or What does…mean?）

Comprehension Check（Inviting Questions）
- Do/Did you understand?
- Everybody understand?
- Do you have any questions?
- Any volunteers?
- Raise your hand if you ...

- If you have a question, please ask me. Don't hesitate.

Encouraging Students

- A little louder, please.
- Speak loudly（softly）, please.
- Don't be shy.
- Take your time.

Praising Students

- Good idea!
- Excellent!
- Try your best.
- Great!
- Marvelous!
- Well done! Good job! Congratulations!
- Give her/him a big hand.
- Take it easy.
- Thank you for your help.

Finishing the Class

- That's all for today.
- See you next time/later.
- Review what you have learned at home.

Part B: Miscellaneous things

Classroom Management

- Be quiet, please.
- Shhh ...
- Attention, please, everyone.
- Please look at me.
- Please meditate now. Thank you.
- Look up!

Passing Handouts

- Take a handout and pass them back.
- Pass your papers forward.
- Please collect the worksheets.

- Could the students in the last row please pick up the worksheets and bring them forward?

Checking Assignments
- Did you do your homework?
- You are supposed to hand in your assignment today.

Reading Aloud
- Repeat after me.
- Let's say it together.
- Let's say it twice and then sit down.
- Let's repeat in chorus.（or Let's repeat it together.）
- Please repeat after Mr/Miss ...
- Close your textbook, look up, and repeat what you read.

Listening Practice
- Listen to what I will read.
- Do you want to listen one more time?
- Listen to CD very carefully. You will practice it after that.

Giving Quizzes
- Let's check your answers.
- Check the answers with your partner.
- Please draw a circle or an x with a red pen.
- Circle the right answer.

Playing Games
- Time is up.
- The game is over.
- I'll give you 3 minutes.
- I will give you a hint.
- Draw a line.
- Let's do the rock-paper-scissors, Go!

Working with Pairs or in Groups
- Make pairs.
- Talk with your partner.
- Make a group of four or five people.
- In pairs/With your partner.

- Turn around and face your friends.
- Talk to each other.

資料 - 5　Display Questions の例

- Hiromi, what time is it now? -It's five past nine. - Thank you.
- Do you have the time?

- What day （of the week） is it today?
- What is today's date?
- How is the weather? （What is the weather like?）
- Can you say the days of the week?
- How long does it take you to get to school?

資料 - 6　Referential Questions の例

- Satoru, did you watch a news program yesterday?
- Do you have any special plans for this weekend?
- How was your weekend?
- Did you have a good time?

- What are you doing today?
- Kahori, how many hours a day do you watch TV?
- What are you going to do this weekend?

- What is your blood type?
- Where do you live?
- How many people are there in your family?
- How many brothers and sisters do you have, Yuichi?

- What sports （subjects, video games） do you like, Ryota? - badminton.
- Now everyone, say, "Yoko likes badminton." -"Miyako likes basketball."
- How about you, Motoki?
- What's your favorite TV program, Moe?

資料 - 7　見通しのある指導をするために（学年間の連携例）

	文法能力 文法・語彙・ 発音	談話能力 まとまった話の 発話理解	社会言語能力 丁寧さ・ 文化の違い	方略能力 学習・コミュニ ケーション維持 発展	関心・意欲・ 態度 コミュニケー ションへの
小学校	**英語音声中心** （きっかけ） 表現（チャン クとして）・生 活語彙（身の 周りのものを 英語で何とい うか） focus on meaning BICS （600-700 語）	**コミュニケー** **ション能力の** **素地** **自分が何を話** **したいか，掘** **り起こし** まとまった話 ができる（日 本語＋英語） show and tell	異文化に対す る理解 ジェスチャー 挨拶 **名前の呼び方** 他教科との連 携	**コミュニケー** **ションストラ** **テジー**（ジェ スチャー，話 を類推） 社会的ストラ テジー（協力， 協働学習） 表現・理解に おける曖昧さ の許容	「英語は＋*a*」 「新たな発想」 に触れさせる 「窓」という発 想 日本語とは仕 組みの異なる ことばからの 刺激 **英語はおもし** **ろい**，英語を 学びたいとい う「ハングリー さ」
中学校	**語彙・文法・** **発音・文字の** **基礎** 日本人の苦手 な発音 語彙力（1800 語） 時制（現在・ 過去・現在完 了）関係代名 詞 ドリル(パター ンプラクティ スなど）＋タ スク（コミュ ニケーション 活動，meaning & form） BICS + CALP	**コミュニケー** **ション能力の** **基礎** 短い文 文法とのリン ク（cohesion） 短い話ができ る（英語＋日 本語） show and tell small talk	異文化に対す る理解 コミュニケー ションルール の相違 (conversational bowling → conversational tennis / volleyball)	ストラテジー のレパート リーを広げる （特に，コミュ ニケーション ストラテジー, 語彙学習方略, Strategying） **社会的ストラ** **テジー（協力,** **協働学習）** メタ認知方略 が鍵 (Self-regulated learning への 第一歩) 表現・理解に おける曖昧さ の許容	具体的に文字 を学び，文法 を理解しなが ら。 **小中ギャップ** **にうまく橋を** **架ける** 意欲を落とさ ない Motivation の 発見（内発的 動機づけ） 高校入試を意 識しながら

	語彙・文法・発音の発展	**情報や考えなどを的確に理解したり適切に伝えたりするコミュニケーション能力を養う**	異文化に対する理解	ストラテジーのレパートリーを広げる（Strategying）	英語の有用性を実感できる活動を
高校	発音（リエゾン） **語彙力（5000語）** 文法（language use の中でより正確に使用） ドリル（パターンプラクティスなど）+ タスク（コミュニケーション活動，meaning & form） **統合スキル** CALP + BICS	エッセイ（coherence） まとまった話ができる（英語） Small Talk, Speech, Presentation, Debate 情報科と連携（インターネット情報検索）	**コミュニケーションルールの相違**（conversational bowling → **conversational volleyball**） 場面による英語表現の使い分け 丁寧表現（仮定法）	**語彙学習のエネルギーを使い果たさない（× ひたすら）→イメージの利用** メタ認知方略が鍵（Self-regulated learning へ） 表現・理解における曖昧さの許容	**英語でのコミュニケーションの醍醐味** Motivation の発展（内発的動機づけ） 大学入試を意識しながら
卒業後	**引き続き語彙を増やす努力をする** 発音（Suprasegmentals） 理解可能な英語（Intelligibility） Focus on Form（Fon-F）	**オーセンティックな英語**（映画，インターネットの活用，多読＝洋書） 英語を使ったコミュニケーション 留学	日本人としての誇りを持ちながら，世界の一員として文化の違いを理解する（**Global Citizen**） ノンネイティブスピーカーとの交流	学習スタイルにあった学習方略を使った学習（**BFS**, Best-fit Strategy） CALL 教材 自律的な学習者	**リンガ・フランカとしての英語** TOEIC / TOEFL / IELTS / 英検 / Versant / OPIc などのテストをペースメーカーに

資料 - 8　豊かな授業チェックリスト 51 ※

Vision（Approach）（12）

☐ ⑴ **豊かな授業**（**FOR**: 授業の実行に関しては **F**lexible, 計画段階では **O**pen-minded, 先生も生徒もゆったりと **R**elaxed）を作りだそうとしている（すると生徒は「次の授業も」「それに向けた課題も」「授業外でも」「高校を卒業しても」「英語の授業がなくなっても」自ら自律的に学ぶ姿勢をもつのではないだろうか）

☐ ⑵ 英語教育で目指すのは「**Global Citizen** の育成」(e.g.,「グローバル人材」)と考えている

☐ ⑶ 「**未来**からの留学生」（加藤寛）を教えようと想っている

☐ ⑷ PISA の **Key competency** を意識している

☐ ⑸ 英語授業の **ATM**（思想 A, 設計 M, 実行 T）を時々確認している

☐ ⑹ 英語授業の Vision を学校で**共有**している（同僚，管理職）

☐ ⑺ 学年や学校として目指す英語授業の **Vision** と照らし合わせて個々の教師が授業をすすめている

☐ ⑻ 英語授業の短期**目標**（1 回 1 回の授業）と長期目標（単元計画, 年間計画）を立てている

☐ ⑼ **Lesson Plan** を単元毎に作成し共有している

☐ ⑽ 英語授業の**メタ認知**をしている（Goal Setting, Planning, Self-monitoring, Self-evaluation）

☐ ⑾ "**A little difference makes a big difference**" と教師自身が思っている（教科書にのっているままのタスクやドリルではなく,「ひと味」付け加えている）

Work hard（Diligence）（2）

☐ ⑿ 情熱をもって授業をしている（先生の情熱は生徒の Motivation に転化する）

☐ ⒀ いい授業を作るために協働作業（Collaborative Work）をしている

☐ ⒁ 働き過ぎて疲れないようにしている（パレートの法則：20:80）

A. 英語を使い，考える（Use tools interactively）（18）

☐ ⒂ **パラダイムシフト**：「先生が何を教えたか」→「学習者が何を学んだか」＝「何が分かるようになったか(理解)・「何ができるようになったのか(スキル)」へ考えを改めている

　☐ ⒃ Can-do リストを授業に生かしている

※ このリストは京都府「外部専門機関と連携した英語指導力向上事業」（2014 年～ 2017 年）の一環として作成したものです。京都府下の東舞鶴, 山城, 西乙訓, 東宇治, 城南菱創の各高校の情熱あふれる先生方, また, 京都府教育委員会指導主事, 片山哲也先生, 苅野真悟先生, 京都大学西岡加名恵先生, 佛教大学赤沢真世先生に多くのご示唆を頂きました。

- ☐ (17) 重要な部分は恐れずにあえて何度も繰りている（リピート）
- ☐ (18) 重要なタスク（e.g., small talk）はメンバーを変えて繰り返し行っている
- ☐ (19) 1 回の授業の中で重要な部分を絞り込んでいる（**Less is more**，教えすぎない，過ぎたるは及ばざるがごとし）

- ☐ (20) **Language User**：Language Learner だけでなく Language User の場面がある
  - ☐ (21) 生徒が情報の受け手（receiver）だけでなく，送り手（sender）になっている
  - ☐ (22) 英語で「話したい内容」を掘り起こしている（日本はハイコンテクストの環境）
  - ☐ (23) **オーラル**：聞く・話す活動を多くしている（読む・書くに比べ個人差・必要時間が少ない）
    - ☐ (24) 英語能力（学力）の差が取り組む姿勢にあまり影響を与えない活動を含めている（e.g., Warm-up など）

- ☐ (25) **インプット**：多くの英語を聞かせる・読ませる練習（You Only Get Out What You Put In，インプットは重要）をしている

- ☐ (26) **プラクティス**：発達段階にあった練習をしている
  - ☐ (27) パターン・プラクティスはコンテクストを加えて実際に使う状況を想定して練習している
  - ☐ (28) Small Task を組み合わせて大きなタスクにつながるようにしている
  - ☐ (29) リアルなタスクと Focus on Form を組み合わせて質の高い練習をしている
  - ☐ (30) 学習活動と言語活動を授業のなかで組み合わせている

- ☐ (31) **Tactics**: 授業を予想し対策を共有しているを考える(授業はクラスによって変化する）
- ☐ (32) **ICT**（Information & Communication Technology）を効果的に活用している

B. 日本人として英語を使う誇りを感じる (Interact in heterogeneous groups)　(9)
- ☐ (33) **User-Friendly**: Student-Friendly な授業，教室環境の創造（机の配置，小道具の利用）
  （「緊張・厳しさ・鍛錬」だけではだめなのでは？
  レストランでお客さんの椅子を引いて座りやすくするように）
  - ☐ (34) 生徒がパフォーマンス（Output）しやすいよう最初に声を出す機会

を与えている
- ☐ ⑶ 生徒が発見したことをほめている
- ☐ ⑶ 生徒が失敗から学べるようリキャスト（recast）などを利用してフィードバックしている
- ☐ ⑶ 生徒がパフォーマンス（output）しやすいよう協働学習に取り組んでいる（collaborative learning/ZPD）

- ☐ ⑶ **パフォーマンス課題**：パフォーマンス（output）をルーブリックを利用して評価し，output が英語能力の重要な構成要素であることを生徒に認識させている
  （pencil and paper test だけに頼らない）
  - ☐ ⑶ **ルーブリック**：生徒の実態を踏まえルーブリックを学内で改訂している
    （評価規準の妥当性）
  - ☐ ⑷ 生徒が自分のパフォーマンス（output）について振り返る機会がある
    （can-do list/self-evaluation）

- ☐ ⑷ **連携**：小中高の連携を図っている
  - ☐ ⑷ 他教科との連携を図っている

C. A-ha 体験をする，なるほど！という発見をする（Act autonomously）　(9)
- ☐ ⑷ **学習者中心**：教師中心から学習者中心の英語の授業へ（結果としてアクティブラーニング）
  - ☐ ⑷ 先生が話す量を減らしている
  - ☐ ⑷ 生徒が英語を沢山使うように先生が率先して英語を使っている

- ☐ ⑷ **楽しい授業**：「学ぶことが楽しい」と生徒が思っている（楽しいと学習効果が上がる）
  - ☐ ⑷ やらされている学習ではなくて自ら学習に取り組むよう仕向けている
  - ☐ ⑷ 「英語を学んで良かった！」と思える場面を作っている

- ☐ ⑷ **ストラテジー**：授業の中で「英語をどのように学んでいるか（e.g., 語彙をどのように学習しているか）」交流する機会を持っている（strategying）
  - ☐ ⑸ BICS 能力が身につくような Communication Strategy の指導を行っている

- ☐ ⑸ **課外（反転）学習**：家庭学習を授業に組み込むなど授業外学習とのリンクを図っている

資料-9　模擬授業評価のルーブリックの例 [59]

Teaching Practicum: Evaluation of Ms. / Mr. _____

■ Legend: とても良かった◎。良かった○。やや改善△。改善する部分△、良かった部分に×をつける。特にコメントがなければマークしない。★は各授業における基礎的&重要事項

Criteria	Plan + Activities / Design = ①	Delivery = ②	English / Class = ③④	Attitudes = ⑤	Overall Evaluation
5　中高校生を夢中にさせる授業	**Plan:** ★構成 -テーマの明確さ -時間配分 -評価の観点・方法　**Activities:** ★生徒の参加 楽しい・興味深い -Warm-up -効果的なタスク -ゲーム -効果的なドリル　**① =** 質が高い & 高度な授業Design	とても分かりやすい説明	★Classroom English　Teacher's English -明瞭な発音 -流ちょうさ -イントネーション　③先生 50%以上(5)　④生徒 50%以上(5)	★先生が楽しそうに授業をしている　話すスピード　**⑤** 理想的な態度	A+(5) — A(4.5)
4　中高生が興味を持つ授業	**Plan:** 適切な教材 -ハンドアウトの工夫 -例文の工夫　教具 -ICT -タイマー -その他　**Activities:** 音読 -Read & Lookup -Buzz -Pair -Shadowing -Overrapping　**① =** 質が高い or 高度な授業Design	分かりやすい説明　★Loud & Clear 提示のみやすさ -黒板 -PowerPoint -OHC -写真 -実物 -Picture-Card	多様な英語使用 -Teacher-Talk -Oral Intro. -Q&A -Model Reading -英語で説明	落ち着いている　Interaction -アイコンタクト -名前で呼名 -ほめる -机間支援 -明るい　**⑤** 良好な態度	A-(4) — B+(3.5)
3　教育実習で十分やっていける（合格ライン）	**Plan:** 準備がよくできている -リハーサルがうかがわれる -その他　**Activities:** モード -ペアワーク -グループワーク -動きのある -その他　**① =** まずまずの授業Design	だいたいよく分かりやすい　テンポ -間の取り方 -手際よさ	あいさつ　③先生 30%未満(3)　④生徒 30%(3)	生徒とのよい距離　**⑤** だいたい良好な態度	B(3) — B-(2.5)
2　実習生としてはまずまずOK	**Activities / ① =** 少し物足りないない授業Design	分かりにくい所がある　理解の的確さ -わかりやすいデモンストレーション -レーション	質問への対応	臨機応変さ　**⑤** まずまずの態度	C+(2) — C(1.5)
1　原点に立ち返り再チェック！	**① =** 授業Design不足	分かりにくい所が多い　理解の確認 -言い換え -具体例　その他	英語で説明　③先生 10%未満(1)　④生徒 10%未満(1)　その他	先生らしい　態度を見直そう　その他　**⑤** 態度を見直そう	C-(1)

◎いいところ

△アドバイス

□その他のコメント（オプショナル）

① Eye-contact, ② Interaction between teacher and students, ③ Interaction between students, ④ Praise students, ⑤ Have students use English, ⑥ User [Learner-/Student] Friendly

資料 - 10　Small (Teacher) Talk Topic の例

15 Small Talk Topics（for one minute）

A. Talk about yourself（5）.

1. Give your brief self-introduction.
2. How did you spend this summer (spring/winter)? Talk about what you did during summer vacation.
3. What are you studying about now? Talk about your academic interests.
4. What are you going to do this weekend?
5. What kind of music do you like?

B. Express your opinion（10）.

（When you talk about the following topics, use specific reasons/examples to support your opinion.）

6. Which city or country would you like to visit and why?
7. What is the most important animal for you? Why is the animal important?
8. Talk about any books or movies you read or saw recently.
9. What are Japanese cultures or cultural things that you would like to introduce in English?
10. Some Japanese high schools require all students to wear school uniforms, but other schools don't. Which school policy do you think is better?
11. What is your ideal dinner? If you could have a dinner with anybody, who would like to have dinner with (dead or alive, any celebrities or any family members)?
12. What would you do if you have whole one week free? That means, you do not have to attend class or work.
13. What would you do if you got 1 million yen?
14. If you could make one important change in your college, what change would you make?
15. Do you agree or disagree with the following statement? All students are required to study English at elementary school.

59　同志社女子大学英語英文学科の「教育実習」や「英語科教科教育法」の模擬授業で利用しているルーブリックのサンプルである。固定したものでなく，受講生と協議しながら徐々に修正を加えてきている。例えば，英語の使用率は以前のバージョンでは100％というものがあったが受講生から難しいとの声もありその比率を下げている。また，このルーブリックは理想的な豊かな授業を示しているので，そのまま使うのではなく，それぞれのジャンルからいくつかをターゲットにして選択し，入れ替えて使用する。

資料 - 11　Pattern Practice の方法

Pattern practice: Speed & Tempo

> ■　Substitution drill
>
> （Inflection）　　　　I bought a *ticket*.
>
> **"two"**　　　　　　I bought two *tickets*.
>
>
> （Replacement）　　*I* like Kyoto.
>
> **"she"**　　　　　　*She* likes Kyoto.
>
>
> ■　Transformation
>
> Joe speaks English.
>
> **"Negative"**　　　Joe **doesn't** speak English.
> **"Question"**　　　**Does** Joe speak English?
> **"Declarative"**　　Joe **speaks** English.
> **"Past"**　　　　　Joe **spoke** English.

- Good.
- Very good.
- That's right.
- That's it
- Wonderful.
- Super.
- Perfect.
- Beautiful.

- Beautiful.
- Terrific.
- Good answer.
- Brilliant.
- That's exactly the point.
- You can't be better.
- Congratulations, Tomomi! You did a very good job.

- Not bad.
- Good try.
- That's better.
- Thank you for trying, Mai.
- Thanks for reading in a loud voice, Naho.
- You have a clear voice. Your voice carries well, Aya.
- Your pronunciation is clear and perfect, Yumiko.
- You've prepared for today's lesson very well, Shunsuke.
- Try to speak more loudly, Kohei.

資料 - 13　英語の授業に役立つ英語の歌一覧

1. ABC Song, ABC Song Part II〔アルファベット〕
2. Twinkle Twinkle Little Star〔アルファベット〕
3. Ernie〔あいさつのことば〕
4. Good Morning To You
5. Are You Sleeping?〔現在進行形〕
6. This Is The Way〔曜日〕
7. Humpty Dumpty〔入門期〕
8. Mary Had A Little Lamb〔過去形〕
9. Row, Row, Row Your Boat〔命令文〕
10. London Bridge（Head, Shoulders, Knees & Toes）〔遊び唄〕
11. You Know The Muffin Man?〔一般動詞疑問文〕
12. My Bonnie〔命令文〕
13. You Are My Sunshine〔Be 動詞〕
14. The Farmer In The Dell〔3 単現〕
15. It's A Small World
16. All Together Now
17. Old MacDonald Had A Farm〔遊び唄〕
18. Michael, Row The Boat Ashore〔命令文〕
19. Edelweiss〔look + 形容詞〕
20. Do-Re-Mi
21. The Sound Of Music〔現在完了〕
22. Jingle Bells〔感嘆文〕
23. We Wish You A Merry Christmas
24. Santa Claus Is Comin' To Town〔現在進行形〕
25. Silent Night〔命令文〕
26. There's A Hole〔前置詞〕
27. John Brown's Body〔現在分詞〕
28. Sing〔命令文〕
29. And I Love Her〔代名詞〕
30. Hello Goodbye〔関節疑問文〕
31. Saturday Night〔土曜日の綴り〕
32. Sailing〔現在進行形〕
33. P.S. I Love You〔命令文〕
34. Yesterday〔過去形〕
35. Red River Valley〔接続詞の if, that〕
36. Vacation〔未来時制〕
37. Never Ending Story〔命令文〕
38. All My Loving〔未来時制〕
39. Be My Baby〔命令文〕
40. Blowing In The Wind〔助動詞 must〕
41. Wien Love Comes Knocking At Your Door〔接続詞の when〕
42. Bridge Over Troubled Water〔未来時制〕
43. Take Me Home, Country Roads〔比較級〕
44. Eternal Flame〔知覚動詞〕
45. Happy Birthday, Sweet Sixteen〔Be動詞の過去形〕
46. I Saw Mommy Kissing Santa Claus〔知覚動詞〕
47. I Want To Hold Your Hand〔不定詞〕
48. Last Christmas〔不定詞〕
49. Melody Fair〔疑問詞 who〕
50. Que Sera Sera〔未来時制〕
51. Beautiful Sunday〔未来時制〕
52. If You Love Me〔接続詞の if〕
53. The End Of The World〔疑問詞 why〕
54. Bingo〔遊び唄〕
55. When You Wish Upon A Star〔接続詞の when〕
56. We Shall Overcome〔未来時制〕
57. Thank You For The Music〔現在完了〕
58. That's What Friends Are For〔as far as ...〕
59. We Are The World〔関係代名詞〕
60. Ebony And Ivory
61. Calendar Girl〔月の言い方〕
62. Just The Way You Are〔仮定法〕
63. Hard To Say I'm Sorry〔不定詞〕
64. I Don't Know How To Love Him〔how to〕
65. I Still Haven't Found What I'm Looking For〔現在完了〕
66. A Hard Day's Night
67. Imagine〔命令文〕
68. Mr. Moonlight
69. Tie A Yellow Ribbon Round The old Oak Tree〔接続詞の if〕
70. Top Of The World〔It is because ...〕
71. Yesterday Once More〔接続詞の when〕
72. Puff〔後置修飾〕
73. The Cruel War〔現在進行形〕
74. Stand By Me〔命令文〕
75. No Matter What〔間接疑問文〕
76. Honesty〔接続詞の if〕
77. If We Hold On Together〔接続詞の if〕
78. You've Got A Friend〔接続詞の if〕
79. （Everything I Do）I Do It For You
80. Do They Know It's Christmas?〔関係代名詞〕
81. All I Want For Xmas Is You〔関係代名詞〕
82. Happy Christmas〔happy + Christmas〕
83. Chiquitita〔受動態〕
84. What Have They Done To The Rain〔現在完了〕
85. So Much In Love
86. From A Distance〔look + 形容詞〕
87. I Just Called To Say I Love You〔不定詞〕
88. Time In A Bottle〔仮定法〕

資料 – 14 教育実習 FAQ（Frequently Asked Questions）20 [60]

No. 1 英語での授業，単語が出てこない時どうするか？

類語を使ったり，パラフレーズします。また「易しい英語で話す」ことを普段から意識しておくよいと思います。オールイングリッシュでは理解しづらい生徒もいますので，絵や映像，ジェスチャーなど視覚的情報も活用しましょう。

No. 2 生徒が全然当ててくれないと文句を言ってきた時どうするか？

平等に指名しているつもりでも，生徒はちゃんと見ています。名簿を作成し，生徒別に指名した子の回数を「正」の文字で記録していくのはどうでしょう。名簿を見ながらあまり指名していない生徒を当てることも出来ます。

No. 3 誰も答えたがらない時どうやって生徒を指名するか？

ヒントを与えたり，隣の人と話し合う時間を設けたり，グループ毎に当てるとよいと思います。授業計画をたてる際，生徒がつまずく可能性のあることにどう対応するかあらかじめ考えておくと授業中焦らずにすむと思います。

No. 4 スピーチなどで生徒の英語に間違いがあった時どこまで訂正するか？

間違いを訂正する前に，しっかり生徒を褒めましょう！生徒が間違えるのを気にして英語を話さなくなると授業どころではありません。しっかり褒めて生徒が前向きに学習できる雰囲気をつくるのが一番です。会話ではリキャストを使うのも効果的です。

No. 5 ペア・グループワークが盛り上がらなかった時どうするか？

時間配分等を前もってきちんと考えて授業を進めているので，後戻りはしづらいでしょう。少し課題が難しいと思ったら，一旦ワークを中止させて方法について説明を加えたり，分かりやすい例を付け加えましょう。机間指導で活気づけることも重要です。

No. 6 なかなか話を聞いてくれない時どうするか？

教師がわざと小さな声で話したり黙ってみることです。生徒の中から「静かにしよう」という声掛けが広がるかもしれません。自分たち自身で気付かせる必要があると思います。誰も聞いていない状況で次の説明をしないことです。

No. 7 なかなか集中しない時にはどうするか？

生徒がただ話を聞いている状態から，音読などのアクティビティを多くして実際に英語をつかうアクティビティを増やしましょう。すわってするよりも立って音読をするほうが桁違いに集中度が高まります。

No. 8 発音指導の方法は？

日本人が苦手な，［th-s］，［r-l］，［f-v］など特に注意が必要なものは単語の発音時などに注意点を伝えながら大げさなくらい口の形を作り，舌の位置，形などを

米蒸健一・中嶋洋一・若本夏美・松田知子・棚谷孝子（1996）．『英語授業資料集 Best Mate 第 5 巻　英語の歌　88 選（Vol. 14）』．三友社出版（目次）をもとに改変

細かく指導します。実習に行くまでに『英語音声学』などの発音に関する講義を受講しておきましょう。

No. 9 授業中に寝ている生徒の上手な起こし方（なかなか起きてくれない時）は？

基本的に，教育実習生の授業で寝る生徒はいないと思います。万が一寝ている生徒がいる場合，その周りの生徒を指名したり，机間支援時にその生徒の隣で立ち止まることです。ただし，起こそうとして体を触ったりしてはいけません。

No. 10 授業中に携帯をさわっている生徒がいたらどうするか？

しまうように一回注意をしても聞かないようであれば，そのままにし授業後に声をかけるか又は職員室に呼び出し注意します。指導教諭にも報告をします。授業を止めてでも注意を徹底するべきこと（暴力や暴言）と注意をして授業後に徹底する項目（不要物など）があります。見て見ぬ振りをしてはいけません。第二第三の予備軍がいるのです。

No. 11 道徳の授業でやりたいことをしてよいとは言われたがどうするか？

道徳の授業を得意とする先生のところに相談に行き，適切な教材がないか相談しましょう。自分の中学，高校時代を顧みて自分の悩んだことや，がんばってきたことに近い教材を使うと生徒が関心を持ってくれます。

No. 12 合唱コンクールの指導の方法はどうしたらいいか？

2，3 週間という限られた時間なので，合唱大会のような行事は生徒との信頼関係を築くよい機会になります。歌が下手でも一緒に歌ってあげると生徒はやる気を出します。経験を踏まえて生徒と全力で向き合いながらアドバイスを行いましょう。

No. 13 朝活，終活，授業始まりなどに使える話とは？

朝活は伝達事項を中心に，終活には締め切りが近い提出物の確認をします。生徒の意欲が高まるように自分自身が中高校時代に経験したことにふれ，アイコンタクトを大切にしながら話します。自分の好きな格言や自分の経験談を整理しておきましょう。

No. 14 生徒との適切な関係とは？

線引きがむずかしいですね。プライベートなことを話しすぎると線を引くことが困難になると思います。呼び名に関しては生徒は○○さん，××君と呼ぶようにして，生徒から声をかけられた際は△△先生と呼ばせるようにしましょう。

No. 15 連絡先を聞かれた場合はどうするか？

大学の決まりで教えることはできない，きまりであるということをきっぱりと伝えると生徒も理解してくれます。現在はスマートフォンや携帯電話を多くの生徒が所有しているため，連絡先を教えると大きな問題に発展しかねません。

No. 16 担当教諭が忙しくてなかなか話し合えません。どうすればいいか？

先生方はお忙しいので自分が話したいときにすぐとはいきません。指導案や授業に関することならば，朝一番，または前日のうちに指導教諭の先生に時間を取っていただけるように相談しておきましょう。先生の授業のスケジュールを知っておく事も効果的です。

---

60 2014 年度同志社女子大学英語英文学科「教育実践演習」のプロジェクトとして取り組んだものに加筆修正したものである。

No. 17　指導教諭の言っていることにミスがあった時にはどうすればいいか？

　先生のミスを「訂正」でなく「～かもしれないと思うのですが」と「提案」という気持ちで丁寧に話してみるといいのではないでしょうか。難しいですが，上手に伝える方法を考えてみましょう。

No. 18　誰にも文句を言われない服装とは何か？

　学校・先生によって許容範囲が違うでしょうが，スーツ（白シャツ，黒ジャケット，黒ズボン・スカートまたはパンツ）が無難です。指導教諭に聞くのが一番確実かもしれません。

No. 19　忙しすぎて授業準備ができない日は，どうすればよいか？

　実習が始まるまでにレッスンプランの作成方法をマスターし，量産（「新規保存」利用）できるよう，また使用教科書を教えておいてもらいます。やっておける準備は実習が始まる前にしておくとよいですね。忙しくとも，実習期間はできるだけいろいろな先生の授業を見学しましょう。

No. 20　睡眠時間が足りない時にどうするか？

　「睡眠は大事！」です。きちんと寝ないと頭が働かなくて授業でもぼーっとしてしまいますし，忘れ物などのミスも多くなります。そのためにはもちろん，「教育実習前の準備」をしっかりとしておきましょう。

小学校，中学校，高等学校の学習指導要領は文部科学省ホームページよりダウンロードしてください。

・文部科学省 HP（日本語）https://www.mext.go.jp/
・文部科学省 HP（英語）https://www.mext.go.jp/en

資料 - 15　教育実習実践的アドバイス

ピンチはチャンス

　2014 年の 2 月にソチで冬季五輪が開催されました。日本はソチ冬季五輪で 1998 年の長野冬季五輪に続く合計 8 個のメダルを獲得しましたが，メダルの数では表わせない感動がありました。その中に実習生も参考にできる大切な教えがありました。「ピンチはチャンス」ということです。

　調子も上向きと言われたフィギュアスケートの浅田真央選手がショートプログラムで失敗をし，思いも寄らぬ成績で翌日のフリープログラムを迎えました。自分でも何が起こったかわからないという精神的に不安定な状態から一日。重く圧し掛かるプレッシャーを「今まであれだけやってきたのだから自信をもって」と自らを励まし「悔いを残すことのないように」「あなたなら大丈夫。きっとできる」と励まされて挑んだフリーで，彼女は前日の悪夢を忘れさせるような力強い演技を見せました。滑り終わった瞬間に，それまで堪えていた気持ちが美しい涙となってあふれ，彼女の頬を濡らしました。2 日間を振り返り，彼女はこのように言いました。「この 2 日間で，とてもつらい経験ととてもうれしい経験の両方を経験させてもらった」と。

　実習はフィギュアスケートの演技に似ているように思います。毎日の練習で基本となる技術を磨くことは教養や専門知識を十分に身につけることに置き換えられます。ジャンプの回数やスピンの種類を考慮し，演技構成を念入りに考えるのは授業の指導案を練ることに似ています。本番を迎えるためにシミュレーションし，練習を重ねてもなお緊張してリンクに向かうのは，勇気を出して教室のドアを開ける気持ちと同じです。音楽に合わせ観客を感動させる表現力のその陰に，必死に歯を食いしばりながら数々のジャンプやスピンをこなす姿は，やることが生徒にウケなくても，理解してもらえなくても，予定通りに授業が進まなくとも，教室の中では冷や汗をかきながらも笑顔で乗り越える姿に重なります。

　授業は，リンク上の演技と同じ。実際に始まってみないと無事に終わるかどうかわかりません。「こんなはずではないのに …」「さっきのクラスではできたのに …」「昨日はうまくいったのになぜ今日は …」と一日の中でも喜んだり落ち込んだり，実習期間はきっと毎日がその連続でしょう。でも落ち込んでばかりいてはいられません。一社会人として責任をもって「教師」という職務を遂行するには，自分の失敗をしっかりと振り返り，気持ちの整理を行い，そこからまた元気をだして教室へ向かい，勇気を持って扉を開け，生徒の前へ笑顔で立たねばなりません。みなさんが様々な状況を想定ししっかりと準備を重ね，前向きな気持ちをもち積極的な姿勢で実習に取り組むことができれば，きっと周りの人たち（家族，実習仲間，先生方，生徒たち）からのサポートに支えられるでしょう。みなさんが地道にコツコツとやり続けてきたことがあるからこそ「あなたなら大丈夫。きっとできる」と励まされます。落ち込んでいても何も状況は変わりません。気持ちを切り替えて自分で一歩を踏み出しましょう。ピンチはチャンス。自分を信じ，

前に進みましょう。大切なことは同じ失敗を繰り返さないことです。教育実習は楽しいことだけでは終わりません。むしろつらく大変なことの方が多いはずです。しかし，つらく厳しい経験があるからこそ「うれしい，ありがたい」と心の底から感謝することができるのです。たとえ失敗してしまったとしても，しっかりと自らを振り返り，次の授業で失敗を成功につなげるチャンスをつかみましょう。

　さあ，行ってらっしゃい。そしてひとまわり成長した姿で大学に戻って来るみなさんが「この実習で，とてもつらい経験ととてもうれしい経験の両方を経験させてもらった」と笑顔で語ってくれるのを楽しみにしています。

（今井由美子）

教育実習で大切な 6 つのこと

　(1)　**教師は教師**：教育実習生であっても，いったん教壇に立てば，正式の教師と違いはありません。仮に教育実習生であっても，生徒にとっては，先生にはかわりないのです。つまり教育実習が終わった後も，生徒にとってはみなさんは一生先生であることを意味します。これは大学卒業後，実際に教師になるかならないか，という問題とは関係ありません。事実，みなさんだって，かつて，中学や高校時代に教育実習に来られた方に町でばったりあったら，「○○先生」と呼びかけることでしょう。一度，教師の役割を担ったものは，その生徒に対しては一生教師の役割をもつことになるのです。それだけ，教壇に立つことの責任は重く，そして意義深いものです。

　(2)　**授業準備をしっかりと**：二週間であろうが，三週間であろうが，みなさんは正規の授業を担当します。もちろんみなさんが行う授業に間違いや失敗はあり得るでしょう。そして，教育実習生であるから，そのような失敗は基本的には許されます。ただし，それは次のような条件においてのみ。すなわち，その授業が用意周到に準備をされ，入念に考えられたものである場合においてのみです。通常，小学校から大学に至るまで，教師は授業の準備にその授業時間の 3 倍の時間をかけるのが常識。すなわち, 50 分の授業なら, 150 分の準備。これは現職のプロフェッショナルの教師だから，この時間で可能なわけで，教育実習生の場合「用意周到・入念な準備」と言わしめるためには，その何倍もの準備時間が必要となるのは当然です。すくなくとも，みなさんは生徒の貴重な授業時間を「借りて」授業をさせてもらうわけで，担当教官もボランティアで「未来の教師」を育成するために時間と労力をみなさんのために提供してくれているのです。一生懸命に取り組まないで許されるはずはありません。

　(3)　**まず体力**：そのような重責と時間のかかる準備をこなすために重要となるのは，まず体力。体力なくして，教育実習を乗り切ることは不可能。一に体力，二に体力，三も体力，四にはじめて各教科の学力・知識・教養，そして五に努力，六に人間関係を築く力，とは言い過ぎかもしれません。でも，体力あってはじめて気力も湧いてくるもの，そして教育実習の成功があるのです。そのためにも，朝食から三食きちんと食事を摂りましょう。体力をつけましょう。不規則な生活

を正しましょう。でも，これは実は一般就職活動においても重要な鉄則なのです。

(4) **仮説をもって授業に臨め。自分自身がわくわくする授業を：**このように重要な機会と時間（みなさん，生徒，そして中高で担当してくださる教諭にとって）だからこそ，自分がやってみたいと思う事をひとつでよいから持ち込んでみましょう。「こんなふうにしたら生徒はどう反応するだろう？」と思うこと，ワクワクする事をひとつでいいから実践してみましょう。これは1～3と矛盾するように聞こえるかもしれませんが，そうではありません。みなさんもこんなに時間をかけて取り組むのだから，ありきたりな授業でお茶を濁してはもったいないのです。生徒は，必ずみなさんの熱意と真意を汲み取ろうとします。たとえば，英語の授業なら Warm-Up にみなさんらしい何か工夫をしてみましょう。英語の歌を歌うのなら，教科書に載っているような可もなく不可もないような歌ではなくて，みなさん自身が好きな英語の歌を情熱を込めて一緒に歌ってみましょう。もちろん担当教諭に相談する事は大切です。その上で，その歌がなぜ好きなのか，なぜこの歌を一緒に歌おうと思ったのか，熱く語ってみることです。どんなに拙い言い方でもその気持ちは伝わります。生徒は知的好奇心に満ちているのです。その知的好奇心を刺激し，わくわくするようなことをひとつでいいからやってみましょう。そのためには，先生自身，すなわちみなさん自身がわくわくしないで生徒がわくわくするわけはありません。お母さんの作ったご飯が世界で一番おいしいのは，お母さんがおいしいものを自分の子供に食べさせたいと思って愛情をもって作るからおいしいのです。どこの世界でも，おかあさんは「おいしいよ，食べてごらん」といって食事を出すはず。授業も同じ。先生自身がおもしろいと思わないで，生徒が面白いと思うわけはありません。

(5) **教育実習に行く前に教員採用試験の願書を出しておこう：**教育実習終了時には多くの都道府県で採用試験の願書締め切りは終了してしまっています。「私に限って，教採を受ける事なんてあり得ない」と思っているあなたに限って是非教師になりたいと，教育実習後に言い出すかもしれません。幸い教員採用試験の受験は格安ですし，一次試験をキャンセルしたとしても将来にわたってマイナスに作用することはありません。該当の都道府県・政令指定都市の，教員採用試験の情報を今から集めておくことをお奨めします。

(6) **生徒の名前をなるべくおぼえる事，そして笑顔を忘れない事：**さあ，教育実習がはじまります。参加されるみなさんにとって，そしてみなさんを待っている生徒にとっても意義深い二週間・三週間になることを祈ってやみません。現在は未来の教師のタマゴであるみなさんは，教育実習を終え，本格的に未来の教師となるのです。

（若本夏美）

GLOSSARY （カッコ内の数字は初出の章を示す）

accuracy・正確さ（5）
英語使用において文法的能力を正確に活用できること。多くを話したり書いたりできなくてもミスのない英語使用を指す。

暗示的指導（5）
教師が説明するのではなく，指導すべき文法や発音を含む練習をさせて，学習者自身に文法ルールを発見させ，気づかせる指導方法。帰納的方法で使われる。

blank slate（6）
他の動物と異なり，人は空白の状態（blank slate）で生まれてくるのではなく，言語能力（Universal Grammar）を生得的に持って生まれてくるとする考え。

母語使用が中心（7）
目標言語ではなく，学習者の母語を使用して教えること。GTM の特徴。

ボトムアップ処理（12）
音，単語，文法など言語の基本的な知識をひとつひとつ積み上げることによりテキストを処理しようとするアプローチ。ディクテーションなど。

部分的誤り・local error（12）
さほどコミュニケーションの支障にならず，意味や意図などは伝わるような軽い間違いのこと。3 人称単数現在の s の欠落など。

文法的能力（3）
文法，語彙，発音からなる言語知識全般をいい，語彙を用いて文法に従い文をつくり発話する能力のことをいう。文法能力だけではコミュニケーションは成立しない。多くの教師が英語の基礎能力と考えている。

文法規則を体系的に指導（7）
文法の規則を何らかのルールに基づいて配列し教え学ぶこと。例えば，時制という枠組みで，現在→過去→未来の順に学習項目を指導できる。

ブレイン・ストーミング (13)

制限を設けず，思いつくままに色々なアイデアを出す過程。個人よりはペアやグループで行う方がよりクリエイティブなアイディアを産み出すことができる。

CALL (10)

コンピュータを外国語の学習や教育に用いること (Computer-Assisted Language Learning)。

CALP (7)

抽象的な思考を伴う学習活動やそれに関連する言語能力を指す (cognitive academic language proficiency)。(cf. BICS「基本的対人伝達能力」)

Canale and Swain (1980) (3)

Canale, M., & Swain, M. (1980). Theoretical bases of communicative approaches to second language teaching and testing. *Applied Linguistics* 1 (1), 1-47.　名論文。

CEFR (2)

Common European Framework of Reference for Languages (ヨーロッパ共通参照枠) の略。Can-do リストの源になっている。ヨーロッパ評議会によって策定された。

知的訓練としての学び (7)

言語使用を目的とせず，学習する過程そのものを重視し，学習者の知的訓練としようとするもの。

超音素 (9)

超音素 (suprasegmental) とは，音素の単位を超えて捉えられるもの。強勢，イントネーション，ピッチなどを指す。

COCA (10)

ブリガム・ヤング大学の Mark Davies 教授によって収集，運営されている現代英語の大規模コーパス。インターネットでアクセスできる (Corpus of Contemporary American English)。

コーパス (9)

テキストや発話を大規模に集めてデータベース化した言語資料のこと (corpus)。

第一のパラダイムシフト (2)

教師中心から学習者中心の授業への転換を指す。そのためには少人数クラスが肝要となる。

第二言語習得研究（2）

「学習者は第二言語をどのように学んでいるのか」に関する研究。従来の教授法中心の研究では期待される結果が得られないことから、1960年代からスタートした（SLA: Second Language Acquisition）。

第二のパラダイムシフト（2）

授業を学習活動から言語活動へ、わかることからできることへ、シフトすることを指す。PISAやCEFRの影響が大きい。英語の授業の大きな地殻変動である。

談話的能力（3）

結束性、一貫性のある話をしたり、つじつまのあった話を聞いて理解する能力。対話として正しく自然な文章で会話ができる能力や言葉で述べられていなくとも行間を読んで理解する能力も含む。

誰もが参加することが出来る授業（15）

授業内容が全く分からないと寝たり、飛び出したりする生徒も出てくる。全部でなくとも、どの生徒も参加できる部分を仕掛けとして授業のどこかにつくりたい。

脱落・elision（12）

単語の境界などで子音（閉鎖音）＋子音のような組み合わせとなる時、前の子音（閉鎖音）がはっきり発音されず、音が聞こえにくくなる現象。

電子黒板（10）

教室に配置し、タッチパネルを備えた大型ディスプレイで電子教科書などの教材を提示することができる教育メディア。

デザイン（8）

指導案は授業の進行表という側面と授業の背後にある教師の授業に対する信念、アイデアをまとめたものという2つの側面を持つ。設計図を描くようなものである。

同化・assimilation（12）

音素と音素かある特定の組み合わの時、両方の音が互いに影響して（または　方の音が他方の音に影響を与えて）音が変化する現象。

導入（8）

本題（授業の中心となる学習ポイント）へと導くための部分のこと。オーラルイントロダクションや教師のsmall talkなどが効果的。

EFL (1)
教室内だけで英語を使う環境のこと。日本，中国，ロシアなどにおける英語学習環境が該当する（English as a Foreign Language）。

英語コミュニケーション能力 (2)
定義は容易ではないが，Canale & Swain（1980）の4要素（文法，談話，社会言語，方略）とする研究者が多い（Communicative Competence）。BICS-CALP という定義もある。

英語帝国主義 (1)
英語を母語とする人々は他言語を必ずしも学んでいないのに，なぜ英語を国際共通語として学ぶ必要があるのか，といった疑問。

英語を使うことを恥ずかしいと思わない (11)
EFL 環境下では，生徒同士で英語を使わざるを得ない。また，学習者であれば間違うのは当然である。教師だって間違うことがある。

演繹的・deductive (7)
最初に規則（理論）を提示し，練習を通してそれらを実際に使いながら学習を進める方法。ルールから練習へという順番。

English as a Lingua Franca (1)
英語を国際語として学び使用すること。リンガフランカとはもともとフランス語の言葉という意味。現在ではさらに，English as a Global Lingua Franca（EGLF）ともいわれる。

English Only (11)
EFL 環境下では日常生活で英語を使用する機会にはなかなか出会わない。学校において「英語しか使わない教室」を作ることができれば教師にも生徒にも特別な空間となる。四苦八苦しながら，やりとりすることで英語学習への刺激となる。

ESL (1)
教室外でもコミュニケーションの手段として英語を使う環境のこと。シンガポールやインドなどにおける英語学習環境が該当する（English as a Second Language）。

ESP (1)
薬剤師や医者のためといった特定の職業や状況で使われる英語を教え学ぶこと（English for Specific Purposes）。

fluency・流暢さ (5)
英語がペラペラという形容がなされることがあるが，英語のコミュニケーションにおいて流暢であることを指す。この際，local error が含まれることを問題視しない。

フォーカス・オン・フォーム (5)
FonF。意味のあるコミュニケーション活動をするなかで，文法使用の正確性にもリキャストなどを通して学習者に意識させること（**Focus on Form**）。FonFs と対比される。

フォーカス・オン・フォームズ (5)
FonFs。GTM による文法指導。文法項目について注目することが最も重要と考え，必ずしもコミュニケーション活動は伴わない（**Focus on Forms**）。FonF と対比される。

フォニックス・phonics (9)
文字の組み合わせと発音の関係をルール化し，読み方の学習を助けるもの。

fossilization (6)
英語学習を習慣形成 （habit formation）ととらえ，よい習慣は褒めて強化，悪い習慣はすぐに直さないと化石化＝固定して修正できなくなる，と考える。

複言語主義 (4)
個人が第一言語以外にも複数の言語を併用することを尊重する考え方，ヨーロッパで顕著（plurilingualism）。

振り返る時間 (8)
「振り返り」とは，取り組んだ課題，やり終えた仕事のできばえ，取り組み方の良し悪しなどを意識的に明らかにすることである。

フロー体験 (15)
夢中になって没入するような経験を指す。夢中になると時間の過ぎ去るのも速い。英語の授業も生徒を夢中にするような内容にしたい。

外円 (1)
EFL の学習環境を指す（Kachru, 1985, 1997 のモデル）。日本のように英語を外国語として学ぶ環境のこと。

学習方法についてディスカッション (15)
学習方法は多様，多彩である。語彙をどのように学んでいるか，リスニングの学

習方法についてグループで話し合ってみたい。Strategying の方法論。

学習環境（14）
英語学習環境では ESL-EFL 環境を区別することが重要である。ただ，インターネットの発達により教室外でも英語に触れる機会が多くなり，従来日本は EFL 下にあったが現在では ESL-EFL の混成（hybrid）状態になってきた。

背景知識（12）
学習者がもともと持っているトピックに対する予備知識（content schema）。リーディングやリスニングの際にテキストの理解の助けとなる。パラグラフ構造（主題文）など言語形式についての知識は formal schema という。

学習指導案（8）
授業の計画表であり進行表である。教師がその単元をどのように捉えているかといった教材観や生徒の現状に対する認識，また評価の方法などを記入する。教育実習までにマスターすべきスキルのひとつ（lesson plan）。

言語材料（9）
文法，語彙，発音，文字の 4 領域を指す。聞く，話す，読む，書くといった言語活動を行う際に使用する素材を構成する。

ギリシャ語・ラテン語（7）
ヨーロッパでの古典語とは，古代ギリシャやローマの書物を読み解くために必要な古典ギリシャ語やラテン語を指す。教養の中核をなすと考えられてきた。

語彙力の強化（7）
基本語彙の 2000 語が話し言葉の 9 割，書き言葉の 8 割を占めると言われており，それらをまず身につけることが学習において不可欠である。

偶発的語彙学習（9）
語彙を覚えることのみにフォーカスした意図的学習でなく，多読などを通じて自然に語彙の意味や使い方，表現などを習得していく学習方法のこと。一般的に，16 回同じ単語に出逢わないと記憶できないと言われている。

発展的な読み方（7）
文字通りの意味を捉える以上に，その言葉が書かれた背景や行間に潜む意図を推測するような読み方（interactive reading）。

ハイコンテクスト・high context (3)

コミュニケーションに際して共有されている体験や感覚，価値観などが多く，言葉以外の方法，すなわち「以心伝心」で意思伝達が行われる傾向が強い文化のことをいう。

方略的能力 (3)

コミュニケーションの目的を達成するための対処能力のことをいう。補償方略（compensation strategy）や回避方略（avoidance strategy）以外にもメタ認知方略，認知方略，情意，社会的方略が含まれる。

評価規準 (4)

評価を行うために設定された統一的な基準。評価基準と評価手段を含む。

ICT (2)

Information and Communication Technology の略。インターネットを含め教室内で利用するコンピュータなどのテクノロジー全般の総称。近年は iPad を Wifi でつないで利用するなど形態はさまざま。

一貫性・coherence (13)

文章の流れが自然に結びつき，まとまりのあること。文字通り捉えるのではなく，解釈や推測を伴う。

イマージョン教育 (14)

目標言語（例えばフランス語）で数学，理科，体育など他教科も教える，カナダで創始された教育方法。開始時期により early/late immersion などに分類される。動詞形の immerse とは「浸す」という意味。

インプットに触れる機会 (10)

学習対象の言語を聞いたり読んだりする機会。

意図的語彙学習 (9)

例えば，語彙のみにフォーカスし，集中的に単語を覚えていく学習方法のこと。

自分もいつか指名される (11)

生徒を指名する場合，順番に行うもよし，ランダムにあてていくのもよし。同じ生徒ばかり指名しないように注意する。指名されるかもしれないという緊張感をうまく使って授業を進めていこう。

時間を区切ること（15）
時間を区切ることは大事だが授業中に忘れてしまうことがある。そのためにもタイマーを利用したい。タイマーがあると生徒とのインターラクションに集中できる。クラス全体にもタイマーが見えるようにすると良い。

自己効力感・self-efficacy（14）
ある具体的なタスクを実行できる自信を指す。一方，自分自身にどの程度の価値を見いだすことができるかは自己尊厳心（self-esteem）である。

自己に最適のストラテジー（14）
言語活動中に使用する方略はスキルによって規定されるが，学習活動のための方略は学習スタイルなど学習者の特徴によって異なる。各自に適合する方略（Best-Fit Strategy）を選択できるようにアドバイスしたい。

自律的に学ぶ（14）
教師の指示通りに学習を進めるだけでなく，自ら目標を設定して必要な方略を活用しながら自主的に英語を学ぶこと（autonomous learners）を指す。PISA の能力モデルでも重要視されている。

上昇調・rising intonation（9）
文中または文末でピッチを上げて読むことで，疑問，不安，呼びかけなどの気持ちを伝える。

授業開き（8）
その科目において新年度1時間目の授業のこと。授業のルール（ground rules）を提示したり，授業に関心を持たせる重要な時間。十分な準備と思い切る勇気が必要。

拡大円（1）
ESL の学習環境を指す（Kachru, 1985, 1997 のモデル）。シンガポールのように英語を第二言語として学ぶ環境のこと。

開・閉本を組み合わせる（15）
開本して教科書の音読をするだけでなく，時々閉じて CD や教師の音声を頼りにリピート練習をしてみるとよい。文字から目を離すことにより音声に注目することができる。

下降調・falling intonation（9）
文中または文末でピッチを下げて読むことで，断定，確信などの気持ちを伝える。

小道具の定番（8）
持ち歩き便利な箱や袋に入れ，必要に応じスマートに取り出し活用したい。授業後に整理することも忘れずに。

形成的評価・formative evaluation（4）
小テストや課題のフィードバックを繰り返し行うことにより評価する方法。

継続する力（11）
毎日の学習を継続する力は語学学習においては大きな成果を約束する。失敗にめげず最後まで「やり抜く力」を grit という。

結束性・cohesion（13）
語と語や文と文が結びつき意味に断絶がないこと。代名詞や接続詞などによってつながりが示される。

基本は4人組み（11）
教室内でのグループ作りは，近くのペアを2組合わせた4人組がよい。

帰納的・inductive（7）
最初にルールを示すのではなく，サンプルや練習に取り組む中で，学習者自らが内包されるルールを導き出して学習を進める方法。練習からルールへという順番。

気づき・noticing（5）
エラーに関する教師からのフィードバックなどにより，文法形式に学習者自身が目を向け，正しい英語使用に気づくこと。具体的には3人称単数現在の s の認識など。

コロンブスの卵・Think different!（6）
発想を少し変えることで物事を大きく変革できることをいう。縁に少しくぼみをつけて卵を立てたというコロンブスの逸話による。英語の授業も多分にこの要素がある。

行動主義心理学（6）
人間の学習も動物が何か芸を覚えることと同様の過程と考える。ハーバード大学の Skinner らによって大成された心理学派。母語の習得はヒトの生得的能力に依拠するとした Chomsky によって批判される。

構成概念・construct（4）
英語能力とはどのような要素によって構成されているかについての考え方。

構造言語学 (6)

Bloomfield らによって確立された言語学の考え方。深層構造ではなく，観察可能な言語を記述し，S+V+O（英語），S+O+V（日本語）などの文法構造を明示する。

組み合わせる (15)

世界共通，最善，唯一の教授法は存在しない。日本の教育環境，教える学校，クラス，生徒に適した教授法を教師自らアレンジすることが必要となる。多様なテクニックとアクティビティーをブレンドし，小さなタスクを組み合わせて大きなタスクへとつなげていきたい。

クラスサイズ (2)

クラスサイズは英語の授業に影響を与える。一般的に少人数クラスは 20 人未満を指す。

協働学習・collaborative learning (8)

グループ単位で課題を解決する学習形態のこと。単なる知識の活用だけでなく，コミュニケーション，プレゼンテーション，役割分担，リーダーシップ，責任感など，グループ内における役割や対人関係がキーとなる。

教授法の ATM (2)

英語教授法を構成する 3 要素（approach= 授業の思想，method= 教材の配置や設計，technique= 授業実行の具体的方法）を覚えやすくキーワードにしたもの。

強勢アクセント・stress accent (9)

音節の強勢の強弱によって意味を区別するもの。例えば，英語の import は前の音節が強いと名詞となり，後ろが強いと動詞となる。

強勢拍リズム・stress-timed rhythm (12)

強い強勢を受ける音節が等間隔に現れるリズムであり，英語は強勢拍リズムをもつ言語である。(Cf. 日本語は音節拍リズム)

language learner ( )

学習活動（理解する，ノートに整理する，記憶する）を中心とする学習者の姿。これを抜きに授業は成立しないだろうが，最終ゴールではない。英語を使う活動につなげる必要がある。

language user (14)

言語活動（英語を実際に読み，聞き，書き，話す）を中心とする学習者の姿。毎回の授業に必要。「～ができるようになったら」と後回しにしては，学習者の意欲

がそこまで持たない。リーン・スタートアップ。

リーン・スタートアップ（15）
条件が完全に整っていなくともアイディアを最重要視し，事業を立ち上げる起業家の戦略。英語の授業もアイディアを中核に据え，より高度で質の高いものに発展させたい。

learner corpus（10）
外国語学習者が書いたり話したりした中間言語を集めたコーパス。

Level 1（3）
Novice level。Novice は経験はあるが全く熟達していないという意味での初級レベルのことを指す。経験のない beginner の初級レベルとは異なる。

Level 3（3）
Intermediate level。中級レベル。

Level 5（3）
Advanced level。上級レベル。

LMS（10）
教師と生徒間の連絡，成績管理，教材配布等を行うことができる授業支援のためのオンラインシステム（Learning Management System）。Moodle など。

ローコンテクスト・low context（3）
ハイコンテクスト文化に対して，状況ではなく言語により依存した意思伝達をする文化。

マインド・マッピング（13）
中心に主題となる単語を書き，それに対して思い浮かんだアイデアを次々に書き出し，つなげることにより，思考を目に見える形にすることができる。ライティングやプレゼンテーションのコンセプトを作るのに適している。

明示的指導（5）
文法や語彙，発音などの指導すべき事項を黒板に書いてはっきりと説明したり，ノートに書かせたりする。演繹的方法で使われる。

memorization（6）
モデルの英語を覚えること。そのためになんども繰り返して（repetition）英語を声

に出す。この繰り返して練習するところは日本人英語学習者の好みに合っているのでは。

Micro/Macro スキルのリスト（4）

Brown（2010）で示されている四技能別のリスト。リスニングでは英語の音の聞き分けができる（Micro-skill）や非言語的な手がかりに基づいて意味を読み取る（Macro-skill）と分類される。

mim-mem（6）

英語のモデルをまねをして（mimicry），おぼえる（memorization）の最初の3文字を取ってミムメムという。オーラル・アプローチのコンセプトを象徴するキーワード。

mimicry（6）

まねをする（imitation）こと。オーラル・アプローチではまずモデルの音声を愚直にまねることを基本とする。

ミニマル・ペアー（12）

ターゲットとなる音素以外は同じ音素が並んでいる2組の単語同士のこと。ターゲットとなる音素の違いが際立つため，音素の練習（発音，聞き取り）に使用される。

未来からの留学生（15）

教師は自身よりも長生きする生徒，未来を生きる生徒を教える事になる。生徒を未来からの留学生と思い対峙すると，これまで経験してこなかった新たな事柄にもチャレンジしようとする意欲が湧く。

目標基準準拠テスト（4）

設定された学習目標への到達度を測定するテスト（criterion-referenced test，CRT）。定期試験など。

motivational strategies（14）

学習動機を高めるための方略。小さな成功を経験させたりほめ言葉を与えることなどが含まれるが，教師から与えられるばかりでなく自律した学習者として自分の学習動機を高める方略を持つことも重要である。

内円（1）

英語のネイティブスピーカーの環境を指す（Kachru, 1985, 1997 のモデル）。

内発的動機付け・intrinsic motivation（14）
「英語が好き」といった英語学習自体から得られる喜びや意欲がより強い英語学習
動機を形成する。どうすればそのような喜びを感じられる英語の授業を構成する
かが課題である。

教材開発（10）
教科書に頼りすぎることなく，インターネットや新聞，雑誌などを利用しながら
学習者の興味関心を喚起するような補助教材を教師自ら作成したい。

日本語は渦巻型（13）
日本語のように，言いたいことに到達する前にその他のことを多く経由してから
結論にたどり着くような日本語の思考，書式傾向。

欧州評議会・Council of Europe（2）
EU の母体となった組織。古くは CLT，近年では CEFR を提唱し外国語教育に大
きな影響を与えてきている。

オリンピック（2）
オリンピックが自国で開催されると英語学習熱（特に英会話）が高まり，それに
見合った教授法の開発利用が促進される。

音素・phoneme（9）
母音，子音などの音1つ1つ。

パフォーマンス課題（15）
プレゼンテーションやスピーチなどの話すこと，書くことに関連する課題（観点
別評価の「表現」)。ルーブリックなどの具体的評価方法を準備することが肝要で
ある。

PDCA サイクル（14）
メタ認知のプロセスを指す。学習計画を作成し（plan），実行（do），その経過を確
認し（check），必要があれば修止し・実行する（act）。企業の成長戦略においても
活用されている。

PISA（1）
Programme for International Student Assessment の略。OECD（経済協力開発機構）
の一部門。3年毎に 15 歳を対象とした国際学力テスト（数学的リテラシーなど）
を行っており，文部科学省の政策にも大きな影響を与えている。

ピッチアクセント・pitch accent （9）

ピッチの高低で語の意味を区別するもの。例えば，日本語の雨と飴は同じ音であるが，ピッチの高低によって異なった語として使われている。日本語の特徴。

ポジティブなイメージ （11）

学習は「やらされている感」があるうちは効果が期待できない。「学習を継続すれば，1年後にはこんなふうになっているかも！」というプラス思考が学習効果を高める。

positive reinforcement （6）

ほめること。うまくいった際にほめることにより，学習者はその行動をさらに続けようとする。日本人英語教師は間違えた際の修正はするが，あまりほめないと言われている。

Practice makes perfect. （6）

習うより慣れよと訳される。人から聞いただけでなく，実際に経験を積むことで習得が促進される。段階を踏むなど適切な練習を行えば誰もがスキル習得できるとする行動主義的な考え方。

プレキャスト （5）

注目すべき文法項目を含んだ会話や small talk をコミュニケーション活動の前に学習者に示すこと。

例文を検索 （10）

収録された例文データの中から特定の単語やフレーズを含むものをリストで抜き出して表示させる機能。

連結・linking （liaison） （12）

単語の境界などで子音＋母音（または半母音 /j/）の組み合わせとなる時，音が滑らかにつながる現象。

リード・アンド・ルックアップ （13）

書かれた文を読み上げた（または黙読した）あと，さらに顔を上げ（ルックアップ），声を出して音読する方法。read, look-up and say ともいう。文字から離れて英語を言う練習にすることができる。

リキャスト・recast （5）

誤りに関する教師によるフィードバックの方法。エラーを明示的に修正する代わりに，正しい文で言い直す。学習者の自己尊厳心を傷つけない利点があるが，学習者がエラーに気づかないことがある。

ルーブリック・rubric（4）
学習到達度を評価するための観点や尺度の基準を示したリスト。パフォーマンス課題の評価に使われる。

S → R（6）
Stimulus（刺激）と Response（反応）。動物の行動は刺激に対する反応と捉えられる。好ましい反応にはほめて強化（positive reinforcement）し，問題のある場合にはその行動がなくなるよう注意する（positive punishment）。

最初が肝心（11）
授業開き。最初に生徒の心をつかむことができると，物事がスムースに運ぶ。授業におけるルールを明示し，順守させよう。英語では hook という。

生徒から発せられるサイン（11）
教師の視線を上げよう。生徒の態度，表情から何かが伝わってくるはずである。アイコンタクトのない授業によい授業はない。

意見や考えを発表させるような質問（11）
発問の工夫があると，生徒から意見や考えを最大限に引き出すことが可能になる。Yes や No だけで終わらせず，後に続く文を必ず添えさせる。意見を述べる場合は，理由を添えさせるなど習慣化させるとよい。

世界市民・Global Citizen（14）
グローバル人材といわれることがあるが，すべての学習者が世界で活躍するわけではない。英語教育で目指すのはむしろ日本国内にいても世界の一員としての自覚と責任，敏感さを持つ世界市民であろう。

戦争（2）
残念ながら教授法の進展に影響を与えた重要な要因のひとつ。第二次世界大戦では敵国の言葉を理解するために ASTP が開発された。

シャドーイング（13）
モデル音声を聞きながら少し遅れて読み上げるリピーティングの方法。後ろからついてくる影のようなイメージから，こう呼ばれている。

社会言語的能力（3）
社会的に適切な言語形式（文法）と内容のことば（語彙）を使う能力のことをいう。場面に適した丁寧表現（politeness）を使う能力ともいえる。

指導と評価は一体 (4)

指導と評価は別物ではなく相互に関連させて行うべきとする考え方。最近では評価から「逆向きに」授業を構築しようとする動きもある。

支持文・supporting sentences (13)

段落中の主題文について，補足説明や詳細な説明を行う文。数字やデータなどが含まれることもある。

シソーラス (10)

意味の似ている単語を調べることのできる類語辞典のこと。電子辞書だけでなくWeb ページにも無料で良質の thesaurus が提供されている。

主題文・topic sentence (13)

段落の中にあって最も伝えたい内容を含む文。通常は段落の最初に置かれることが多い。トピック・センテンスともいう。

集団基準準拠テスト (4)

受験者個人の成績を受験者全体の中で相対的に比較するテスト。言語能力や熟達度を測定する（norm-referenced test, NRT）。入学試験など。

small talk (15)

授業にエピソードを持ち込むと生徒の興味も湧き，記憶にも残る。その日の授業内容（教科書，文法，語彙など）に関連する教師の 2 分程度の small talk から始めたい。できれば生徒にもさせるとよい。

相互的なやりとり・interactive reading (13)

テキストを読む際に，書き手が伝えたいことを発信する一方，読み手が書き手の意図などを考えながら読み進めるような相互のやりとり。

総括的評価・summative evaluation (4)

学習期間の終了時にテストを実施して評価を行う方法。

すぐに慣れてくる (11)

人間は学習する生き物である。最初は面倒と感じていたことも毎日繰り返すことで習慣となる。

対照分析仮説・Contrastive Analysis Hypothesis (6)

目標言語と母語との言語間距離によって習得の困難さを予測することができるとする仮説。例えば，インドヨーロッパ語族に含まれる言語同士の場合には習得が

容易になるとする。Natural Order Hypothesis によって批判される。

多人数に対する授業が可能〈7〉
教師主導で授業を展開する文法訳読法は，クラスサイズが比較的大きい場合にも実行可能な教授法である。

Task-based Language Teaching（TBLT）〈5〉
Communicative Language Teaching（CLT）の中からタスク指導に焦点を当てたもの。タスクを中心に授業を構成する教授法。

TESOL〈1〉
英語を母語としない人達に英語を教えることを指す。TEFL（Teaching English as a Foreign Language）ともいう。インターネットで検索すると参考になるページが数多く見つかる。

TED Talk〈10〉
科学者，活動家，思想家，アーティストなどが自らの主張や研究内容についてプレゼンテーションを行うイベント。

展開〈8〉
授業の本題（中心となる学習ポイント）を発展させる部分。タスクやドリルなどの練習を行う。学習指導案で詳しく記載する必要がある。

トップダウン処理〈12〉
背景知識（content schema），推測，予測などをもとにテキストを処理しようとするアプローチ。スキャニングやスキミングで利用する。

ウォームアップ〈8〉
授業の始めに行う，準備運動のようなもの。教科書の音読やゲーム，英語の歌の活用など多彩な方法で学習者の気持ちを授業に切り替え意欲を喚起する。

willingness to communicate（WTC）〈3〉
外国語・第二言語を用い他者と対話しようとする意思を指す。コミュニケーション分野での研究に基づく概念。

全体的誤り・global error〈12〉
学習者がする誤りのうち，その誤りがコミュニケーションの妨げとなるような致命的な間違い。語順や語彙の選択に関する誤り。

参考文献一覧

はじめに

Herek, S.（Director）.（1995）. *Mr. Holland's Opus.*
遠山啓（1977）.『水源をめざして』太郎次郎社

第1章

Crystal, D.（1997）. *English as a Global Language.* Cambridge: Cambridge University Press.

Crystal, D.（2006）. English worldwide. In F. Hogg & D. Denison（eds.）, *A history of the English language*（pp. 420-439）. Cambridge: Cambridge University Press.

Kachru, B.（1985）. Standards, codification and sociolinguistic realism: The English language in the outer circle. In R. Quirk & H. G. Widdowson（Eds.）, *English in the world: Teaching and learning the language and literatures*（pp. 11-30）. Cambridge: Cambridge University Press.

Kachru, B.（1997）. World Englishes and English-using communities. *Annual Review of Applied Linguistics*, 17, 66-87.

OECD.（2005）. The definition and selection of key competencies: Executive summary. https://www.oecd.org/pisa/35070367.pdf

Schmidt, R., & Richards, J. C.（2013）『ロングマン言語教育・応用言語学用語辞典』南雲堂

Smith, L.（1983）. *Readings in English as an international language.* Oxford: Pergamon Press.

デイヴィッド・グラッドル（1999）.『英語の未来』（山岸勝榮 訳）研究社

伊藤穰一・山中伸弥（2016）.『「プレゼン」力：未来を変える「伝える」技術』講談社

鳥飼玖美子（2011）.『国際共通語としての英語』講談社

第2章

Anthony, E. M.（1963）. An Approach, method and technique ... *English Language Teaching*, 17, 63-67.

Bachman, L. F.（1990）. *Fundamental considerations in language testing.* New York: Oxford University Press.

Japan and the triumph of English（1992, October 7）. *Japan Times.*

Larsen-Freeman, D., & Anderson, M.（2011）. *Techniques and principles in language teaching*（3rd ed.）. Oxford: Oxford University Press.

Oxford, R. L.（1990）. *Language learning strategies: What every teacher should know.* New York: Newbury House.

Oxford, R. L.（2016）. *Teaching and researching language learning strategies: Self-regulation in context*（2nd ed.）. New York: Routledge.

Richards, J. C., & Rodgers, T. S.（2014）. *Approaches and methods in language teaching*（3rd ed.）. Cambridge: Cambridge University Press.

ルース・ベネディクト（2005）.『菊と刀：日本文化の壁』講談社（学術文庫）

第 3 章

Bachman, L. F.（1990）. *Fundamental considerations in language testing.* New York: Oxford University Press.

Canale, M., & Swain, M.（1980）. Theoretical bases of communicative approaches to second language teaching and testing, *Applied Linguistics*, 1, 1-47.

Cummins, J.（1979）. Cognitive/Academic Language Proficiency, linguistic interdependence, the optimum age question and some other matters. *Working Papers on Bilingualism*, 19, 121-129.

Hall, E. T.（1976）. *Beyond culture.* New York: AnchorBooks.

Higgs, T. V., & Clifford, R.（1982）. The push toward communication, in Theodore V. Higgs（eds.）*Curriculum, competence, and the foreign language teacher*（pp. 57-79）. Lincolnwood, Illinois: National Textbook Company.

第 4 章

Brown, H. D., & Abeywickrama, P.（2010）. *Language assessment: Principles and classroom practices*（2nd ed.）. New York: Pearson Education.

Council of Europe: Council for Cultural Co-operation. Education Committee.（2001）. *Common European framework of reference for languages: learning, teaching, assessment.* Cambridge: Cambridge University Press.

Council of Europe.（2004）.『外国語教育 II：外国語の学習、教授、評価のためのヨーロッパ共通参照枠』（吉島茂・大橋理枝 訳）朝日出版社

キース・モロウ（2013）.『ヨーロッパ言語共通参照枠（CEFR）から学ぶ英語教育』研究社

第 5 章

Canale, M., & Swain, M.（1980）. Theoretical bases of communicative approaches to second language teaching and testing. *Applied Linguistics*, 1, 1-47.

Howatt, A. P. R.（1984）. *A history of English language teaching.* Oxford: Oxford University Press.

Hymes, D.（1971）. Competence and performance in linguistic theory. In R. Huxley & E. Ingram（eds.）, *Language acquisition: Models and methods*（pp. 3-28）. London:

Academic Press.

Long, M.（1991）. Focus on form: A design feature in language teaching methodology. In K. de Bot, & R. Ginsberg, & C. Kramsch（eds.）, *Foreign language research in crosscultural perspective*（pp. 39-52）. Amsterdam: John Benjamins.

Long, M., & Robinson, P.（1998）. Focus on form: Theory, research, and practice. In C. Doughty & J. Williams（eds.）, *Focus on form in classroom second language acquisition*（pp. 15-41）. Cambridge: Cambridge University Press.

Nunan, D.（2004）. *Task-based language teaching.* Cambridge: Cambridge University Press.

Wills, J.（1996）. *A framework for task-based language learning.* London: Longman.

和泉伸一（2009）.『「フォーカス・オン・フォーム」を取り入れた新しい英語教育』大修館書店

ジェーン・ウィリス（2003）.『タスクが開く新しい英語教育 - 英語教師のための実践ハンドブック -』開隆堂

第 6 章

Brown, H. D.（2007）. *Teaching by principles: An interactive approach to language pedagogy*（3rd ed.）. White Plains, NY: Longman.

Jobs, S.（2005）. *Steve Jobs' 2005 Stanford commencement address.* Stanford: Stanford University.

Krashen, S. D.（1982）. *Principles and practice in second language acquisition.* Oxford: Pergamon.

磯田貴道（2010）.『教科書の文章を活用する英語指導：授業を活性化する技 108』成美堂

パトリック・ハーラン（2014）.『ツカむ！話術』角川書店

第 7 章

Cummins, J.（1979）. Cognitive/Academic Language Proficiency, linguistic interdependence, the optimum age question and some other matters. *Working Papers on Bilingualism*, 19, 121-129.

Nassaji, H., & Fotos, S.（2011）. *Teaching grammar in second language classrooms: Integrating form-focused instruction in communicative context.* New York: Taylor & Francis.

萩原俊哉（2008）.『英文法指導 Q&A：こんなふうに教えてみよう』大修館書店

平賀優子（2005）.「'文法・訳読式教授法'の定義再考」日本英語教育史研究 20, 7-26.

第 8 章

阿野幸一・太田　洋（2011）.『日々の英語授業にひと工夫』大修館書店

中嶋洋一（2008）.『英語好きにする授業マネージメント 30 の技』明治図書

第 9 章
International Phonetic Association.（1999）. *Handbook of the international phonetic association*. New York: Cambridge University Press.
Lightbown, P., M., & Spada, N.（2013）. *How languages are learned*（4th ed.）. Oxford: Oxford University Press.
Waring, R., & Nation, P.（1997）. Vocabulary size, text coverage, and word lists. In N. Schmitt & M. McCarthy（eds.）, *Vocabulary: Description, acquisition and pedagogy*（pp. 6-19）. Cambridge: Cambridge University Press.
小西友七・南出康世（編）（2006）『ジーニアス英和辞典 第 4 版』大修館書店
投野由紀夫（2006）.『投野由紀夫のコーパス超入門』小学館
投野由紀夫（2015）.『発信力をつける新しい英語語彙指導』三省堂

第 10 章
Craik, F. I. M., & Lockhart, R. S.（1972）. Levels of processing: A framework for memory research. *Journal of Verbal Learning and Verbal Behavior*, 11, 671-684.
赤野一郎・堀正広・投野由紀夫（編）（2014）.『英語教師のためのコーパス活用ガイド』大修館書店
見上晃・西堀ゆり・中野美知子（編）（2011）.『英語教育におけるメディア利用 CALL から NBLT まで』大修館書店

第 11 章
阿野幸一・太田　洋（2011）.『日々の英語授業にひと工夫』大修館書店
江利川春雄（編）（2012）.『協同学習を取り入れた英語授業のすすめ』大修館書店

第 12 章
Grant, L.（eds.）.（2014）. *Pronunciation Myths: applying second language research to classroom teaching*. Ann Arbor: University of Michigan Press.
Nation, I. S. P., & Newton, J.（2009）. *Teaching ESL/EFL listening and speaking*. New York: Routledge.
Richards, J. C.（1990）. *The language teaching matrix*. Cambridge, UK: Cambridge University Press.
川越いつえ（2007）.『英語の音声を科学する』大修館書店
冨田かおる・小栗裕子・河内千栄子（2011）.『英語教育学大系　第 9 巻　リスニングとスピーキングの理論と実践：効果的な授業を目指して』大修館書店

第 13 章
Kaplan, R. B.（1966）. *Cultural thought patterns in inter-cultural education. Language*

Learning, 16, 1-138.

Nation, I. S. P.（2009）. *Teaching ESL/EFL reading and writing.* New York: Routledge.

Nuttall, C.（1996）. *Teaching reading skills in a foreign language.* Oxford, UK: Macmillan Education.

門田修平・野呂忠司・氏木道人（2010）.『英語リーディング指導ハンドブック』大修館書店

近江誠（1984）.『オーラル・インタープリテーション入門―英語の深い読みと表現の指導』大修館書店

第 14 章

Chamot, A. U., Barnhardt, S., El-Dinary, P. B., & Robbins, J.（1999）. *The learning strategies handbook.* New York: Addison Wesley Longman.

Dörnyei, Z.（2001）. *Motivational strategies in the language classroom.* Cambridge: Cambridge University Press.

Gardner, R. C.（1982）. Language attitudes and language learning. In E. B. Ryan & H. Giles（Eds.）, *Attitudes towards language variation*（pp. 132-147）. London: Edward Arnold.

Green, J. M., & Oxford, R. L.（1995）. A closer look at learning strategies, L2 proficiency, and gender. *TESOL Quarterly, 29*（2）, 261-297.

Lightbown, P. M.（2007）. *Easy as pie: The myth of child second language learning.* New York: Teachers College, Columbia University.

O'Malley, J. M., & Chamot, A. U.（1990）. *Learning strategies in second language acquisition.* New York: Cambridge University Press.

Skehan, P.（1991）. Individual differences in second language learning. *Studies in Second Language Acquisition*, 13, 275-298.

Stern, H. H.（1975）. What can we learn from the good language learner? *Canadian Modern Language Review*, 31, 304-318.

Swain, M.（2010）. Talking-It-Through: Languaging as a source of learning. In R. Batstone（eds.）, *Sociocognitive perspectives on language use and language learning*（pp. 112-130）. Oxford: Oxford University Press.

The Ministry of Education Alberta Education: Language Services Branch.（1996）. *Yes, you can help!* Edmonton, Alberta, Canada: The Ministry of Education.

Vandergrift, L., & Goh, C. C. M.（2012）. *Teaching and learning second language listening metacognition in action.* New York: Routledge.

Wakamoto, N.（2009）. *Extroversion/introversion in foreign language learning: interactions with learner strategy use.* Bern: Peter Lang.

デシ , E., & フラスト , R.（1999）.『人を伸ばす力：内発と自律のすすめ（桜井茂男訳)』新曜社

次重寛喜（2002）.『英語授業の創造』鷹書房プレス

竹内理（2003）.『より良い外国語学習法を求めて』松柏社
遠山啓（1976）.『競争原理を超えて：ひとりひとりを生かす教育』太郎次郎社
山岡俊比古（1997）.『第二言語習得研究：新装改訂版』桐原ユニ

第 15 章

Genesee, F. (1976). The role of intelligence in second language learning. *Language Learning*, 26 (2), 267-280.

Hakuta, K. (1976). A case study of a Japanese child learning English. *Language Learning*, 26, 321-351.

Swain, M. (1993). The output hypothesis: Just speaking and writing aren't enough. *Canadian Modern Language Review*, 50, Golden Anniversary Issue, 158-64.

Swain, M. (2010). Talking-It-Through: Languaging as a source of learning. In R. Batstone (eds.), *Sociocognitive perspectives on language use and language learning* (pp. 112-130). Oxford: Oxford University Press.

Vygotsky, L. (1986). *Thought and language*. Cambridge, Boston: MIT Press.

チクセントミハイ, M. (1996).『フロー体験 喜びの現象学』世界思想社
エリック・リース (2012).『リーン・スタートアップ』日経 BP
加藤寛（1992）.『慶應湘南藤沢キャンパスの挑戦：きみたちは未来からの留学生』東洋経済新報社
鈴木寿一・門田修平 (2012).『英語音読指導ハンドブック：フォニックスからシャドーイングまで』大修館書店
遠山啓（1976）.『競争原理を超えて：ひとりひとりを生かす教育』太郎次郎社
若本夏美（2014）.「Learner Strategies を研究する意義：個人差と教授法に架ける橋」山岡俊比古先生追悼論文集編集委員会（編）,『第 2 言語習得研究と英語教育の実践研究』(pp. 301-314). 開隆堂
ウィギンズ, G., & マクタイ, J. (2012).『理解をもたらすカリキュラム設計：「逆向き設計」の理論と方法』（西岡加名恵 訳）日本標準

おわりに

　新しい学習指導要領が告示され，小学校からの科目としての英語が導入されるなど，今まさに新たな時代の英語教育が始まろうとしています。小学校英語のインパクト，大幅に増える指導語彙数，より高い英語コミュニケーション能力の育成が期待される英語の授業，期待と不安が交錯します。

　教師は時代と社会のパイオニアです。このような時代を切り開くのはいつも若い先生だと思います。新たなアイディアを持って生徒がワクワクするような授業を作りだしたいですね。

"Never miss an opportunity to be fabulous" (Tina Seelig).

　さて，このテキストは大切なことの80％しか述べていません。残りの20％は読者の皆さんが自分や友人と議論して埋めて頂きたいと思います。残念ながら，万能薬のような教え方も学び方もありません。もしあったとしたら，英語教育の問題などとうの昔になくなっているでしょう。

　このテキストで一貫して主張したように「国際語としての英語」をどう教え，学ぶかについて考えることは今後ますます重要になると思います。みなさんの生徒に最適の英語教授法，学習法，使用法をこの本を手かがりに編み出して頂きたいと思います。

　この本は playbook として英語の先生になろうとする，また現在教壇で奮闘しているあなたをいつも応援しています。

2017 年 錦秋　執筆者一同

●著者紹介

若本 夏美 (わかもと・なつみ)

同志社女子大学教授。

専門分野は応用言語学（英語学習者の個人差，方略，スタイル）。学校教育学修士（兵庫教育大学），Ed.D.（第二言語教育，トロント大学・OISE）。京都大学卒業後，公立中学校（京都府）で9年間英語教員。主な著書：*Extraversion / Introversion in foreign language learning* (Peter Lang, 2009)。関西英語教育学会（KELES）などの学会に所属。京都府亀岡市湯ノ花温泉在住。自転車通勤。

今井 由美子 (いまい・ゆみこ)

同志社女子大学教授。

専門分野は英語音声学，リスニング指導と語彙学習。M.S. in TESOL (Central Connecticut State University)，博士（英語英文学，同志社女子大学大学院）。河合塾で留学カウンセラー・帰国子女教育カウンセラーとして5年勤務の後，大学講師に。英語音声学およびリスニングに関するテキストも執筆。*Sounds Make Perfect, Sounds Great*（いずれも英宝社，共著）など。大学英語教育学会（JACET）などの学会に所属。

大塚 朝美 (おおつか・ともみ)

大阪女学院大学准教授。

専門分野は英語音声指導（発音）。言語文化修士（関西外国語大学），M.Ed. (Temple University)，博士（学術，神戸大学）。リスニングや音声学関連の授業用テキストを多く執筆。*English Sound Box, English Sounds, English Minds*，『英語音声の基礎リスニング』，『英語のリスニングストラテジー』（いずれも金星堂，共著）など。日本音声学会などの学会に所属。

杉森 直樹 (すぎもり・なおき)

立命館大学教授。

専門分野は英語教育学，英語コーパス言語学。文学修士（神戸市外国語大学）。主な著書：『プログレッシブ英和中辞典　第5版』（小学館），『新JACET8000』（桐原書店），『英語教育学大系　テスティングと評価：4技能の測定から大学入試まで』（大修館）いずれも共著。外国語教育メディア学会（LET）などの学会に所属。

国際語としての英語　進化する英語科教育法

2017 年 12 月 20 日　初版第 1 刷発行
2024 年　3 月 10 日　初版第 3 刷発行

著　者　若本 夏美　今井 由美子　大塚 朝美　杉森 直樹
発行者　森 信久
発行所　株式会社 松柏社
〒 102-0072　東京都千代田区飯田橋 1-6-1
電話　03（3230）4813（代表）
ファックス　03（3230）4857
E メール　info@shohakusha.com
http://www.shohakusha.com

装幀　常松靖史［TUNE］
校正　里見文雄
印刷・製本　倉敷印刷株式会社
ISBN978-4-7754-0246-7
Copyright ©2017 Natsumi Wakamoto & Yumiko Imai & Tomomi Otsuka & Naoki Sugimori

定価はカバーに表示してあります。
本書を無断で複写・複製することを禁じます。

JPCA　本書は日本出版著作権協会（JPCA）が委託管理する著作物です。
複写（コピー）・複製、その他著作物の利用については、事前に JPCA（電
話03-3812-9424、e-mail:info@e-jpca.com）の許諾を得て下さい。なお、
日本出版著作権協会　無断でコピー・スキャン・デジタル化等の複製をすることは著作権法上
http://www.e-jpca.com/　の例外を除き、著作権法違反となります。